KB246794

새벽눈물

| **6만 성도**와 함께 새벽을 깨우는 **명성교회** 새벽 기도 이야기 |

김삼환 목사 지음

교회성장연구소

추 천 사

"새벽 아직도 밝기 전에 예수께서 일어나 나가 한적한 곳으로 가사 거기서 기도하시더니."_막 1:35

많은 자기계발 서적들은 전 세계의 대표적인 경영 컨설턴트들이 새벽을 어떻게 다스리는 지를 다루며 그것이 그 사람의 성공을 좌우한다고 강조합니다. 그런데 실제로 제 주변에도 하나님께 크게 쓰임 받는 목회자나 평신도들은 어김없이 새벽을 잘 운용하는 사람들이었습니다.

3년이란 짧은 공생애를 사신 예수님께서도 첫 사역을 새벽 미명에 일어나 하나님의 뜻을 구하는 것으로 시작하셨습니다. 그것은 육신을 쳐 복종시키는 의지적 결단이 필요한 일로써 보통의 의지로는 지속적으로 하기 어려운 일입니다. 그러나 말씀과 기도를 통해 하나님으로부터 개인적 메시지를 받는 레마의 비밀을 체험하게 되면 누가 강요하지 않아도 그 새벽을 간절히 기다리게 됩니다.

세계 선교와 성도들의 헌신에 있어서 한국 교회의 모본이 되는 명성교회의 저력은 새벽 기도에 있습니다. 김삼환 목사님의 저서 『새벽 눈물』을 통해 한국 교회 곳곳에서 회개와 치유, 헌신의 능력이 불같이 일어나길 바랍니다. 그래서 세계적으로 불고 있는 한류의 바람이 세계 선교가 펼쳐지는 곳마다 '기도 한류'로 그 영향력이 증폭되길 간절히 기도합니다.

: **김장환 목사** (극동방송 회장)

"나의 유리함을 주께서 계수하셨사오니 나의 눈물을 주의 병에 담으소서 이것이 주의 책에 기록되지 아니하였나이까." _ 시 56:8

기도 중의 기도는 눈물의 기도입니다. 눈물은 우선 자신을 감화시키며 다른 사람을 감동시킵니다. 또 눈물의 기도는 하나님이 보내신 보혜사를 가장 빠르게 움직이는 힘이 있습니다.

김삼환 목사님은 눈물의 사람입니다. 성경 말씀을 보면서도 눈물을 하염없이 흘리시기에 말씀에 눈물이 섞입니다. 이런 눈물의 기도로 자신이 먼저 하나님 앞에 녹아집니다. 말씀의 속죄, 대속, 구속의 내용을 말씀에서 찾을 때에 그 감격이 어찌 없겠습니까. 나 같은 죄인을 구하여 주신 은혜를 받았으므로 눈물이 흐를 수밖에 없습니다. 그리고 이 감격의 눈물이 나 자신뿐 아니라 보고 듣는 모든 사람들에게 감동을 주기에 충분합니다.

명성교회의 새벽 기도회는 총 5부로 나눠서 드리는데도 성도들이 교회당에 물밀듯이 밀려드는 것을 볼 수 있습니다. 김삼환 목사님의 새벽 기도 활성화는 한국 교회 부흥의 틀이 될 것입니다. 그리고 문자화되는 이 모든 내용이 목회자들과 성도들에게 영적 도전이 될 것을 기대합니다.

: **방지일 목사** (영등포교회 원로목사)

"내가 날이 밝기 전에 부르짖으며 주의 말씀을 바랐
사오며 주의 말씀을 조용히 읊조리려고 내가 새벽녘에
눈을 떴나이다."_ 시 119:147, 148

제 어머님은 매일 새벽 4시면 온 식구를 깨워 기도하셨습니다. 철없
던 시절에는 새벽에 일찍 일어나는 것이 힘들고 귀찮았던 것도 사실입
니다. 하지만 철이 든 후에는 집을 떠나 있어도 새벽이 되면 '어머님께
서 기도하고 계시겠구나.'라는 생각으로 힘을 얻었고, 저 역시 세계 어
느 곳을 가더라도 새벽 기도로 하루 일과를 시작하게 되었습니다.

김삼환 목사님께서 인도하시는 명성교회의 새벽 예배는 우리나라뿐
만 아니라 세계 기독교계에 신선한 충격을 주고 있습니다. 새벽에 역사
하시는 하나님을 명성교회를 통해서 볼 수 있기 때문입니다.

김삼환 목사님을 통해서 하나님께서 보여 주신 새벽 예배의 열매를
많은 교회와 성도들이 맛보기를 바랍니다. 이번에 출간되는『새벽 눈
물』이 그 길잡이가 되고, 새벽마다 전국 교회가 기도하는 성도들로 가
득하기를 기원합니다.

: **이명박** 장로(소망교회 징로, 제17내 내한민국 대통령)

"하나님이 그 성 중에 계시매 성이 흔들리지 아니할 것이라 새벽에 하나님이 도우시리로다." _시 46:5

새벽은 언제나 저에게 하나님의 특별한 기름 부으심이 있는 시간입니다. 하루가 시작되기 전 미명의 새벽 기도 시간은 아무에게도 방해받지 않고 성령님과 깊은 교제를 지속할 수 있는 은혜의 시간이기 때문입니다.

인류 역사상 가장 큰 영향력을 끼친 사람들은 거의 새벽의 사람들이었으며, 기독교계의 위인들 중 대부분도 새벽을 하나님과 함께 시작한 사람들이었습니다. 이번에 출간된 『새벽 눈물』의 저자인 김삼환 목사님 역시 이 시대 최고의 '새벽 거인'이라고 할 수 있습니다.

그의 탁월한 새벽 기도 운동의 핵심 원리와 방법들이 자세히 수록된 이 책을 통해 교회성장을 꿈꾸는 모든 목회자들과 수많은 평신도들이 새벽 기도에 대한 깊은 통찰력을 얻고 도전을 받게 되기를 소망합니다. 이 책을 읽는 모든 분들의 교회마다 새벽 예배가 활성화되고 가정과 개인의 삶에 진정한 신앙의 부흥이 새벽의 영성에서부터 시작되기를 기원합니다.

: **조용기 목사** (여의도순복음교회 원로목사)

※ 추천사는 가나다 순으로 정렬하였습니다.

저는 오직 '주님'만을 목표로 삼고 지금까지 살아왔습니다. 처음부터 다른 길은 생각하지도 못했습니다. 하나님께서 전적으로 저를 사랑하시며 또 부르시고 저를 쓰고자 하신다는 확신을 일찍부터 갖고 있었습니다. 또한 한결같은 하나님의 은혜 속에 살아왔기에 제게 목회의 길은 참으로 당연한 것이었습니다.

제가 이제까지 목회하면서 강조한 것은 두 가지였습니다. 먼저 '새벽 기도'를 통해 하나님의 거룩함을 체험해야 한다는 것입니다. 그리고 다른 하나는 새벽 기도를 통해 훈련받아 '머슴 정신'으로 봉사하고 섬겨야 한다는 것입니다. 제가 이렇게 '새벽'을 강조하는 이유는 제가 신앙적으로 깊이 체험한 것이 있기 때문입니다. 저는 새벽 기도를 통해 하나님과의 관계가 매우 깊어졌음을 자신있게 고백할 수 있습니다. 날마다 우리는 은혜의 보좌 앞에 나가야 합니다. 새벽마다 주님께 부르짖고 매달리면 하늘로부터 도우심과 은혜가 임하게 됩니다.

내놓기 부끄러운 졸저가 오히려 저와 교회의 자랑으로 비쳐지지 않기를 바랍니다. 제가 바라는 것은 딱 한 가지입니다. 바로 여러분의 삶과 교회에 부흥의 물결이 일어나는 것입니다. 특히 새벽 기도 부흥이 일어나기를 바랍니다.

1907년 평양에서 그랬던 것처럼, 다시금 회개와 자복의 눈물이 전국 방방곡곡을 뒤덮기를 꿈꿔 봅니다. '내가 범죄자 아간입니다.'라는 통회의 심정으로 기도의 제단을 쌓는 모든 주의 종들과 거룩한 성도들을 생각하면 충분히 가능한 일이라 여겨집니다.

이 노고에 동참해 주신 분들이 참으로 많습니다. 과분한 추천사를 써주신 모든 분들, 사랑하는 명성교회의 성도들과 교역자들, 교회성장 연구소의 이장석 본부장님 및 임직원들께 감사의 뜻을 전합니다.

: **김삼환 목사**(명성교회 담임목사)

Contents

prayers in
daybreak...

—

내가 매일 기쁘게 순례의 길 행함은

주의 팔이 나를 안보함이요

내가 주의 큰 복을 받는 참된 비결은

주의 영이 함께 함이라

찬송가 427장(새 191장)

—

새벽 기도의
재발견

prayers in
daybreak...

chapter 1

새벽에 몰려가는 사람들

무엇이 그들을 새벽잠에서 깨우는 것일까? 호기심은 나지만,
가까이 하기엔 너무 어려운 일 아닌가. 그러나 기대감을 버리지 않기를 바란다.
왜냐하면 당신의 문제 가운데 함께하시는 하나님을 발견하게 되기 때문이다.

새벽 5시! 서울의 거리는 아직 캄캄하지만 교회의 앞길은 대
낮처럼 환합니다. 교회로 들어가는 성도들의 발걸음과 차량의 행
렬은 은혜의 강물이 되어 서울의 새벽을 깨우고 있습니다. 참으
로 아름다운 새벽 하늘이 펼쳐져 있습니다. 마치 천국 생활을 꿈
꾸는 듯합니다.

"아니, 이 새벽에 교회 근처에서 보이는 저 많은 사람들이
설마 다 교회 가는 사람들이야?"

지나가는 듯한 말로 묻는 남편의 질문에 교회 집사인 부인은
뛸 듯이 기뻤습니다. 그동안 절에 나가시는 시어머니와 남편을

전도하기 위해서 얼마나 애를 썼던가! 그러나 기도는 아직 결실을 맺지 못하고 있었습니다. 남편은 장남이라며 "나는 어머니 말씀을 거역하기 어려워. 그렇다고 당신이 교회를 나가는 것까지는 굳이 반대하지 않고 중립을 지킬 테니까, 나한테는 교회에 가자고 하지 마!"라고 하면서 아이들까지 합세한 설득에도 꿈쩍도 않았답니다. 특별 새벽 집회 기간에 남편이 직접 집사님과 아이들을 차로 교회 앞까지 태워다 주었지만, 교회 주차장에서 바로 집으로 돌아가는 모습을 볼 때마다 집사님의 마음엔 아쉬움이 남았습니다. 아무리 사정해도 외면하고 집으로 가버리는 남편을 보며 무척이나 안타까웠을 것입니다.

그렇게 노력했는데도 꿈쩍도 않던 남편이 어느 날, 호기심 어린 시선으로 질문을 한 것입니다. 마치 맛있는 식당에 사람들이 줄 서서 기다리는 광경을 보고는 '저기 정말 맛있나보다.' 하고 느끼는 것처럼, '저기 정말 뭐가 있긴 있나 보다.' 하는 생각이 들었나 봅니다. 순간, 집사님은 하나님께서 역사하심을 느꼈답니다. 침이 마르도록 교회에 대해 자랑을 하고 남편에게 제의를 했답니다. 5년이 아니라 10년이라도 결혼기념일은 물론 생일 선물도 받지 않고 당신을 왕으로 모실 테니 교회에 한 번만 가보자고 말입니다. 드디어 결혼 후 처음으로 남편이 교회에 나오게 되었습니다. 등록하는 남편의 모습을 바라보면서, 집사님은 '믿음의 가장이 될 것을 믿습니다.' 라고 기도를 했답니다. 이 얼마나 큰 하나님의 은혜입니까? 사람의 힘으로는 불가능한 일입니다. 하나님께서 역사해 주신 것입니다.

실제로 저는 많은 분들을 통해 '새벽 기도회에 나와 감격스러운 경험을 했습니다. 은혜를 받았습니다!'라는 간증을 많이 접합니다.

| "교회를 오가는 차 안에서의 30분이 매우 평화롭고 은혜롭습니다. 오늘 주실 주의 말씀을 사모하며, 하루의 첫 시간인 새벽을 하나님께 바치기 위하여 찬양 테이프를 들으면서 양수대교와 팔당대교의 새벽안개를 가로질러 한강변을 따라 교회로 이동하는 시간은 저에게 참으로 복된 시간입니다."

| "유학 온 낯선 캐나다 땅에서 새벽부터 지도 한 장만 들고 나섰어요. '세계 어느 곳에 가 있든지 새벽 기도는 빼먹지 말라.'라는 목사님의 당부가 떠올랐기 때문이죠. 가는 길이 두렵고, 내가 마치 길을 잃고 헤매는 아이처럼 느껴지기도 했지만, 결국 찬양 소리가 들리는 교회를 찾았어요. '하나님 아버지, 제가 왔어요. 감사해요. 저 정말 왔어요!' 소리 내어 기도하는데, 저도 모르게 눈물만 펑펑, 또 펑펑 쏟아졌습니다. 저는 그날 아침 캘거리에서 드린 첫 번째의 새벽 제단 앞에서 제 심장의 고동 소리를 깊이 느끼며 하염없이 울기만 했습니다."

| "저는 매일 성경을 읽고, 묵상하고, 수많은 신앙 서적을 읽으며 저와 함께하시는 사랑의 하나님을 만나고 또 많은 믿음의 선진들을 만날 수 있었습니다. 그러한 힘으로 날마다 새벽 기도에 더 열심히 나가게 되었고, 강단 바닥에 엎드려 기도하는 생활을 시작하게 되었습니다. 처음에는 억울함과 분함으로 원망과 불평의 기도를 드렸지만 기도가 계속 될수록 점차 자신에 대한 회개와 감사의 기도로 변하기 시작했습니다. 기도 제목이 선하게 바뀌고 그 지경도 넓어졌습니다. 나중에는 원망스러운 사람들을 위해서도 기도하고 있는 자신을 발견하게 되었습니다."

이런 간증들을 접할 때마다 저는 하나님께 감사하지 않을 수 없습니다. 저는 새벽 기도를 강조하는 목회자이지만, 쉽지 않다는 것 또한 잘 알고 있습니다. 사실 성도들에게 새벽 기도는 무척이나 힘든 것입니다. 목회자들에게도 마찬가지입니다. 그래서 몇 번 시도했다가 포기한 사람들이 많은 것도 사실입니다. 그러나 이러한 간증들을 통해 알 수 있듯이, 그들의 신앙생활에 있어서 새벽 기도는 거의 절대적인 것입니다. 새벽 기도에 목숨을 걸었다고 해도 과언이 아닙니다. 실제로 한국 교회의 성도들에게 새벽 기도는 매우 중요합니다. 한국 교회의 귀한 전통이 바로 새벽 기도입니다. 새벽 기도를 빼놓고는 한국인의 신앙생활을 말할 수 없을 것입니다. 그래서 새벽 기도를 통해 경험한 성도들의 수많

은 간증들이 넘쳐 납니다. 그들은 왜 그 시간에 교회로 몰려드는 것입니까? 무엇이 그들을 움직이게 하는 것입니까? 그들은 왜 이른 새벽부터 교회에 나와 무릎을 꿇을 수밖에 없겠습니까? 왜 그토록 새벽 기도에 목숨을 거는 것이겠습니까?

새벽에 나를 급히 부르신 주님

저 역시도 새벽 기도에 대한 감격적인 경험이 많습니다. 새벽에 저를 부르신 주님을 분명히 기억합니다. 몇십 년 전, 제가 시골에서 목회를 할 때의 일입니다. 가난한 교회에서 목회를 하느라 밥도 못 먹고, 집사람이 스테인리스 그릇 장사를 다녀야 할 정도로 너무 고생을 많이 했습니다. 한 달에 2,000원씩 받아서 생활을 하려니 그럴 수밖에 없었습니다. 하지만 우리는 주님 앞에 더욱 열심을 내었습니다.

한번은 여름 밤중에 소나기가 쏟아졌습니다. 천둥, 번개까지 치면서 말입니다. 그런 가운데 잠에서 깼습니다. 시계를 보니 새벽 한 시였습니다. 밖을 보니 너무나 무섭게 번개와 천둥이 치고, 소나기가 내렸습니다. 가만히 생각해보니 교회에 비가 샐 것 같았습니다. 주님께서 제 마음을 움직이셨습니다. '어서 교회에 올라가 보아라.' 하시며 말입니다.

그 당시 교회는 공동묘지 옆에 있었습니다. 한번 생각해 보십시오. 천둥, 번개가 치는 소낙비 아래 그것도 새벽 한 시에 공동묘지 근처에 있는 교회에 가는 길이 얼마나 무섭겠습니까? 어떻게 하면 좋을까 고민하다가 결국 우산을 들었는데, 우산을 써도 소용이 없었습니다. 비가 옷을 다 적시고도 모자라 옷 안으로 들어왔습니다. 더구나 저는 겁이 많은 편이라, 마치 귀신들이 굉장히 많이 있는 것 같은 스산한 느낌이 마구 몰려왔습니다. 그래서 교회 문을 열고는 일단 빨리 교회 안으로 들어갔습니다. 집사람도 자고 있는 그 시간에 아무도 모르게 교회에 들어간 것입니다. 그때는 '호야'라는 게 있었는데 석유를 넣어서 켜는 옛날식 등불입니다. 성냥으로 불을 켜서 '귀신이 어디 있나? 짐승이 와 있나?' 하고 살펴보기 시작했지만 누가 있는 흔적은 아무 데도 없었습니다. 그런데 잘 살펴보니 마룻바닥에 흙이 떨어져 있었습니다. 그 교회 건물이 흙을 놓고, 그 위에 기와를 쌓은 옛날식 집인데, 비가 워낙 많이 오니까 안에 흙이 떨어진 것입니다. 저는 마음이 아팠습니다. '내 집은 비가 안 새는데 아버지 집이, 주님의 몸 된 교회가 이렇게 비가 새니 어떡합니까?' 하는 생각에 바로 엎드려 기도를 하면서 흙이 떨어지는 것을 등허리로 받았습니다.

한 삼십 분이 지나니 등에 한 덩어리의 흙이 쌓였습니다. 그래서 밖에 가서 털고 다시 와서 엎드렸습니다. 그런데 그 높은 천장에서 진흙이 떨어지니 허리가 휘청거리며 너무 아팠습니다. 엎드려 울며 기도했습니다. "주님의 교회가 이래서 어떡합니까! 주님의 교회가 비가 새서 어떡합니까! 내 죄를, 무엇과도 비교할 수 없는 더러운 나의 죄를 씻어 주셨는데 흙이 뭐가 더럽겠습니까? 씻으면 되지요, 죄는 물 같은 것으로 씻을 수 없지만, 이까짓 흙은 물로 씻어 버리면 되잖습니까." 그래서 흙을 다 받아냈습니다. 밤을 새워 계속 기도하고는 또 와서 흙을 받아냈습니다.

그 후 세월이 많이 지났는데, 이제와 가만히 생각해 보면 하나님이 천사를 통해서 저를 깨워, 교회로 인도해 주시고, 그때 제가 하는 것을 다 보셨던 것 같습니다. 사람들은 아무도 못 봤지만, 주님이 보셨습니다. 이것은 제 자랑이 아닙니다. 다만 제가 교회를 사랑하게 되었던 첫사랑의 경험을 말씀드리고 싶었습니다. 사랑이 식으면 안 되지 않습니까? 주님을 뜨겁게 사랑하듯이 첫사랑을 잊지 않고 교회를 사랑해야 합니다. 새벽에 부르신 주님을 저는 지금도 기억합니다. 또한 새벽 첫 시간에 교회에, 주의 전에 나와서 느끼는 사랑, 그 사랑을 새벽 예배를 통해서 저는 지금까지도 계속 경험하고 있습니다.

새벽 기도 다시 보기

저는 가끔 사람들이 어떤 심정으로 새벽에 교회를 찾는 것일까 생각해 봅니다. 새벽에 교회를 찾는 사람들의 심정은 아마도 갈급한 문제를 가지고 금식하며 나오는 사람들도 있겠고, 평소의 영성 훈련을 위해 나오는 사람들도 있을 것입니다. 또 어쩌면 막연한 의무감에 오는 사람들도 있을지 모르겠습니다. 부모를 찾는 심정, 고향을 찾는 심정으로 나오는 사람도 있을 것입니다. 고향에서의 어릴 적 그때를 회상하듯 새벽의 이른 시간에 동심으로 돌아가는 것 말입니다. 사실 하나님 아버지 집에 나오면 부모님이 생각납니다. 그토록 그리웠던 부모의 정을 느끼고 만나게 됩니다. 그러면 눈물이 납니다. 불효에 대한 반복된 죄책감처럼, 불효 가운데 그리움을 느끼는 것처럼, 새벽에 하나님 아버지의 전으로 나간다는 것은 마치 부모의 품처럼 따뜻하고 평안하며 포근한 느낌을 줍니다.

그러나 좋아보이고 호기심은 나지만, 가까이 하기엔 너무 먼 새벽 기도라고 생각지는 않으십니까? "나도 예배 잘 드리고, 봉사하고, 십일조 생활도 잘 하는데, 저렇게까지 해야 하는가?"라는 생각이 들지도 모릅니다. 가뜩이나 힘든 인생이고, 지친 몸인데, 이른 새벽에 일어나는 것이 어디 그리 말처럼 쉽겠습니까? 그러나 다시 한 번 깊이 생각해 볼 필요가 있습니다. 그리고 우리의 문제를 발견해 주고 행복하게 해 줄 강력한 도구일지도 모른다는 기대감만큼은 버리지 않기를 바랍니다.

chapter 2

내 삶의 한계 상황에서

우리 시대에 사람들이 힘들어 하는 것은 무엇인가?
그 문제의 원인은 무엇인가?
당신을 비롯하여 모두들 그 해결책을 알고 싶어 할 것이다.

공수특전단을 아십니까? 전쟁이 나면 최전방에서 가장 먼저 낙하산으로 적진에 침투하는 아주 강력한 보병입니다. 저희 교회에서 가까운 곳에 공수특전단이 있었습니다. 공수특전단에는 여단마다 교회가 하나씩 있습니다. 교인 중 한 사람이 사령관으로 있어서 교회 짓는 것을 도와주기도 하고, 저도 자주 가보았습니다. 그런데 특이한 건 그 군에는 불교의 법사가 없고 기독교의 군목만 있었습니다. 원래대로라면 법사도 있어야 하는데, 그들이 그 곳에는 죽어도 안 가려고 한다는 것입니다. 거기엔 이유가 있었습니다.

군인들이 비행기에서 낙하산을 타고 점프하는 훈련을 미사리라는 곳에서 주로 하는데, 그때 목사님이 함께 올라가서 같이 점프를 한다는 것입니다. 함께 기도하고 "나를 따르라."라고 하면서 점프하면, 군인들이 따라서 뛰어내리는 것입니다. 그런데 그 훈련은 사고가 많고 목숨을 잃는 경우도 많아서 훈련에 익숙한 군인들도 보통 겁이 나는 게 아닙니다. 그런데 전투병도 아닌 목사님이 뛰어내리는 것입니다. 사실 목사님은 뛰어내리지 않아도 됩니다. 전투병들이 받는 훈련이니 뛰어내릴 필요가 없는 것입니다. 물론 장교들에게는 일 년에 몇 번씩 훈련받아야 하는 규정이 있지만, 군종 장교에게는 그런 의무도 없습니다. 그 뿐만 아니라 저들은 생명 수당이 붙어 월급이라도 올라가지만 목사님은 그 생명 수당도 없습니다. 그런데 도대체 왜 뛰어내리는 것이겠습니까?

이유는 딱 한 가지, 복음 전도 때문입니다. 전투병들에게 사랑을 느끼게 해주고 복음을 전하기 위해 그들과 함께 뛰어내리는 것입니다. 그런 목사님에겐 죽음에 대한 두려움이 없습니다. 왜냐하면 죽어도 살기 때문입니다. 머리로만 아는 신앙이 아니라 진정한 마음에 심긴 신앙인 것입니다. 어설픈 믿음이면 못 뛰어내립니다. 뛰어내리면 죽음이요, 죽으면 끝난다고 생각하기 때문입니다. 하지만 군종 장교들은 천국의 소망과 하나님이 계시기 때문에 두려움 없이 뛰어내리는 것입니다. 그들은 자신을 돌보지 않고 아낌없이 몸을 던졌습니다. 그들은 '죽어도 예수 안에서 산다.'라는 그런 믿음을 소유했던 것입니다. 저는 그들에게 큰 감동을 받고 이렇게 말했습니다.

"여러분들은 진짜 복음으로 사는 사람들입니다!"

현대인들은 믿음을 잃어 가고 있습니다. 이전의 어떤 시대보다 더 여유 있고 풍요로운 가운데 모든 삶의 질이 높아졌음에도 불구하고 오히려 더 긴장과 고통 속에서 불안해 하면서 살고 있습니다. 벤츠를 타고 가던 한 중년 부인은 오직 벤츠를 탔다는 이유만으로 피살당하는 끔찍한 사건이 있기도 했습니다. 좀 더 좋은 차를 타야 안전하다고 생각했는데, 오히려 좋은 차를 탈수록 더욱 불안하게 되는 요소들이 우리 사회에 얼마나 많이 깔려 있는지 모릅니다.

우리나라의 유명한 재벌 총수가 67세의 나이에 폐암에 걸려 미국으로 수술을 받으러 갔습니다. 그런데 너무 힘든 수술이어서 그 수술을 지켜보던 부인이 충격을 받아 62세의 나이로 세상을 떠났습니다. 재벌 총수는 주치의가 따로 있고, 음식 하나도 영양학적으로 맞춰 먹으며 건강을 생각하며 살았는데도 폐암을 막을 길이 없었습니다. 아무리 많은 돈을 갖고 있어도 암이라는 질병 앞에서 인간은 무기력한 존재였습니다. 한 치 앞을 볼 수 없는 것이 연약한 인간의 모습입니다.

오늘 이 시대에 사람들이 힘들어하는 것은 미래가 없기 때문입니다. 바로 앞이 안 보인다는 것입니다. 너나 나나 갈 바를 알지 못하는 사람들이 모여 있습니다. 어느 종교든 과학이든 내일이 없지 않습니까? 미래가 없으니 확신도 없는 것입니다. 군종 목사님들이 기도하고 찬송하면서 뛰어내릴 때 다른 사람들은 못 뛰어내리는 것과 같습니다. 그래서 참모가 뛰어내려도 안 뛰어내릴 텐데 목사님이 뛰어내리니까 같이 뛰어내리는 것입니다. 그러면 과연 이런 모습이 어디에서 오는 것입니까? 교회와 이 세상 것은 다르지 않느냐, 크리스천은 다르지 않느냐 하는 것입니다. 실질적으로 문제를 만나게 되면 크리스천의 삶은 전혀 다르게 나타납니다. 해석이 다르고 가는 길이 다른 것입니다. 부럽지 않습니까? 어디에 던져 놔도, 무슨 문제를 만나도 걱정 하나 없이 담대하게 사는 인생! 어디서 그렇게 강력한 힘이 나오겠습니까?

그렇다면 당신의 인생은 어떻습니까? 자신 있습니까?

인간의 문제들

우리 인간의 문제는 천 가지, 만 가지입니다. 사람 살아가는 곳에 문제는 태산같이 쌓여 있습니다. 더군다나 이러한 인간의 문제들은 참으로 다양합니다. 가정, 사업, 도덕, 건강, 인간관계 등 오늘날 우리의 사회, 학문, 국가가 다 이런 문제들과 연결되어 있습니다. 이러한 인간의 다양한 문제들 때문에 교육이 있고, 국가가 있는 것입니다. 그만큼 중요하다는 것입니다. 모든 일이 인간의 다양한 문제에 맞춰져 있습니다. 그래서 대학에서도 모든 학과가 그것들에 맞춰져 있습니다. 그런데 이러한 문제들은 결국한 곳에서 온 것입니다. 인간이 하나님 앞에 불순종함으로 말미암아 하나님을 떠나서, 하나님 앞에 죄를 짓고, 하나님께 버림받아서 인간에게 그런 어려움이 온 것입니다. 이런 문제는 모두 영적인 문제입니다. 우리의 문제가 무엇입니까? 바로 영적인 문제입니다. 기쁨이 없습니까? 그것은 영적인 문제입니다. 평안이 없습니까? 영적인 문제입니다. 가정불화가 있습니까? 이 모든 것이다 영적인 문제인 것입니다.

오늘날 사람을 치료하는 의학은 동양 의학과 서양 의학 두 가지로 나눌 수 있습니다. 동양 의학의 중요한 포인트는 하나에서전체를 보는 것입니다. 손목만 짚어보고, 진맥만 짚어보고 혹은그것도 보지 않고 눈을 감고 다 보는 것입니다. 우리가 볼 때 손목만 짚어 보면 뭘 알겠습니까? 눈까지 감으면 전혀 모를 것 같은데딱 짚어내는 것입니다. 심장도 사진을 찍어볼 필요가 없습니다.다른 곳을 검사하지 않아도 진맥하는 것입니다.

그러나 서양 의학은 다릅니다. 팔 아프면 팔 보고, 다리 아프면다리 보고, 가슴 아프면 가슴 보고, 아픈 부위별로 분야별로 보는것입니다. 그래서 마치 서양 의학이 좀 더 현실적이며 효율적이라 생각될 수 있습니다. 하지만 서양 의학은 나타난 것만 볼 수 있다는 한계가 있습니다. 반대로 동양 의학은 보이지 않는 것을 보는 능력이 있다고 할 수 있습니다. 지금은 서양 의학이 동양 의학을 조금씩 이해하기 시작하고 동양 의학에 중요한 의미가 있다는 것을 알기 시작했습니다. 우리나라도 세브란스 같은 병원에서 한의과를 다시 만든다는 등의 얘기가 나올 정도니 정말 많이 변해가고 있습니다.

저희 교회에도 의사들이 많습니다. 제가 몸이 조금 좋지 않을 때는 여러 의사 선생님들이 다 오십니다. 물론 다 훌륭한 사람들입니다. 그런데 참 재미있는 것은, 어떤 때는 진찰하는 사람들이 다 다르게 진단하는 것입니다. "맹장 같은데요." "이거 이상한데요." "입원해야겠는데요." 하면서 자꾸 여러 가지 다른 얘기들을 합니다. 그런데 한 권사님이 와서 눈을 감고 맥을 짚어 보면서 딱 꼬집어 내는 것입니다. "목사님, 너무 과로해서 그런 것입니다." 그리고 그 권사님이 지어 주는 약을 먹으면 바로 낫습니다.

물론 서양 의학도 중요합니다. 하지만 우리가 전체적인 흐름을 놓고 볼 때, 기독교는 동양 의학에 가깝다고 볼 수 있습니다. 왜냐고요? 바로 하나에서 모든 문제가 왔다는 것이 그렇습니다. 가정의 문제도, 국가의 문제도, 바로 하나님을 떠난 데서 문제가 온 것입니다. 이 모든 저주의 근본적인 원인은 바로 하나님 한 분을 떠난 데에 있습니다. 우리가 흔히 부르는 찬송가 427장을 보면, 더욱 확실한 대답이 나옵니다.

"내가 매일 기쁘게 순례의 길 행함은 주의 팔이 나를 안보함이요
내가 주의 큰 복을 받는 참된 비결은 주의 영이 함께함이라."

내가 매일 기쁘게 살아가는 길이 무엇입니까? 내가 큰 복을 받는 참된 비결은 무엇입니까? '주의 영이 나와 함께하시는 것'입니다. 계속해서 영이란 말이 나옵니다. 모든 것이 영적인 문제라고 이야기합니다. 내가 평안이 없을 때 어떻게 평안을 얻을 수 있겠습니까? 모든 염려 다 버리고 참새같이 기쁘게 살아가는 길이 무엇입니까? 이 찬송은 "어떻게 하면 그렇게 살아갈 수 있는가?"라는 질문에 "주의 영이 함께하실 때 가능하다."라고 답하고 있습니다.

참새가 걱정합니까? 근심합니까? 참새는 자신이 왜 참새인지 고민하지 않습니다. 겨울에 굶어 죽는 참새를 보셨습니까? 저 휴전선 너머에 있는 북한 동포들이 굶어 죽는다는 얘기가 있어도 참새가 굶어 죽는다는 얘기는 없습니다. 참새가 농사를 지을 줄 압니까? 수확을 할 줄 압니까? 그러나 여러분, 참새는 하나님이 다 먹이십니다. 그리고 참새는 하나님의 먹임과 입히심을 의심하지 않습니다. 그래서 참새들은 걱정, 근심이 없습니다.

인생의 막다른 골목에서

주의 영이 함께할 때 우리 인생은 복되고 기쁠 수밖에 없습니다. 그런데 문제는 인간이 영적으로 길을 잃어버렸다는 것입니다. 그래서 우리 인간에게는 걱정이 많습니다. 그렇다면 어두운 밤은 어떻게 지나갑니까? 캄캄한 우리의 밤이 어떻게 지나갑니까? 바로 주의 영이 오시면 이 어두움이 지나가는 것입니다. 그래서 크리스천들은 모든 것들을 영적인 관점으로 봅니다. 사람을 볼 때도 영적으로 보고, 직업이 좋으냐, 나쁘냐를 볼 때도 영적으로 봅니다. 나라가 정치를 잘하느냐, 못하느냐도 영적으로 봅니다. 이제 우리는 모든 것을 볼 때 꽃 한 송이에서부터 이 세상 어떤 것이든지 영적으로 봐야 합니다. 하나님 앞에 지음을 받았을 때에 사람은, 하나님을 섬기고 하나님을 가까이하고, 하나님을 영화롭게 하고, 하나님과 함께 살아가는 영적인 피조물로 만들어졌습니다. 그래서 이러한 영적인 부분이 죽으면 다 죽은 것입니다.

셰익스피어의 4대 비극 중에 '맥베스'라는 작품이 있습니다. 주인공 맥베스 장군은 출세, 영광, 성공에 집착하다가 결국 왕을 죽이고 왕위에 오르게 됩니다. 그런데 그 부인이 양심의 가책을 느끼고 손에 묻은 피를 보며 "지워져라, 이 피야. 내 손은 아직 피 비린내에 젖어 있다."라고 애절하게 말합니다. 맥베스도 급기야는 정신적으로 큰 고통을 겪습니다. 맥베스가 시의에게 "그대는 나의 병을 시원하게 고칠 수 없는가? 내 마음의 고민을 이 기억에서 뽑고 내 가슴에 가득 찬 공포를 뿌리 뽑을 수 없는가?"라고 절규합니다. 그때 시의가 "그것은 병자 자신이 고쳐야 합니다. 나 같은 의사는 고칠 수 없습니다. 이러한 병을 고칠 이는 하나님뿐이십니다."라고 말합니다.

인생의 한계 지점에서, 여러분은 어떻게 하시겠습니까? 우리는 하나님을 찾아야 합니다. 하나님으로부터 찾지 않고서는 다른 방도가 전혀 없는 것입니다. 우리가 '새벽 기도'를 생각하게 되는 처음 출발점도 바로 여기에 있습니다. 즉 우리 삶의 해결책을 영적인 관점에서 봐야 한다는 깨달음에서부터 시작하는 것입니다.

chapter 3

아! 하나님

하나님은 누구신가? 하나님은 전능자이시다.
우리의 해결자이시다. 하나님은 우리를 붙잡아 주신다.
그리고 하나님은 무엇보다 당신을 사랑하신다.

하나님은 누구십니까? 하나님은 전능자이십니다. 위대한 분이십니다. 그분은 우리 삶의 해결책을 가지고 계시며 못하실 것이 없으십니다. 그래서 하나님 한 분만 믿으라는 것입니다. 단 하나가 전부 다 해결하는 것입니다. '하나에서 모든 것이 다 온다'는 것입니다. 양식도 한 분에게서 오고, 우리를 따뜻하게 하는 것도 한 분이, 없는 데서 있게 하는 것도 한 분이, 전쟁을 해결하는 것도 한 분이 하십니다. 그런데도 현대인들은 하나님을 믿지 못하기 때문에 자기 자신인 '내'가 다 준비합니다. 내가 다 책임지려고 합니다. 그러나 결국은 내가 준비한 것이 아무것도 아니라는 것을 경험하면서 현대인들은 자꾸 불안해지는 것입니다. 이때 얼마나 불안해지는지 모릅니다. 태어나서부터 죽는 날까지 배우면서도 이 지식이 나를 건지지 못하니까 불안합니다. 그러나 성경은 하나만 말하고 있습니다. 한 분만 믿으라는 것입니다. 한 분에게서 모든 것이 열리고, 한 분에게서 모든 것이 닫힌다고 말합니다. 그분만 소유하면 모든 것을 풍성하게 가진 것과 마찬가지라고 말입니다.

어마어마하게 쏟아 부어 주시는 하나님

미국에 갈 때 대부분의 사람들이 나이아가라 폭포를 꼭 가보고 싶어 합니다. 나이아가라 폭포는 정말 장엄합니다. 비행기 위에서도 그 소리가 들릴 정도로, 폭포에서 엄청나게 물이 쏟아집니다. 그냥 쏟아지는 게 아니고 천지가 나가떨어지는 듯합니다. 정말 어마어마합니다. 그곳에 가보면 무지개가 늘 떠 있고 안개가 자욱합니다. 또한 수천 마리의 갈매기들이 날아다닙니다. 바다도 아닌데 웬 갈매기 떼가 있을까 의아해 하실 것입니다. 이 역시 특별한 이유가 있습니다. 폭포에서 떨어지는 물이 너무 힘 있게 떨어져서 그 물에 물고기가 다 죽습니다. 물고기가 물에 맞아 죽을 정도니 그 물살이 얼마나 센지 상상이 갈 것입니다. 그래서 그 죽은 물고기를 잡아먹으려고 수천 마리의 갈매기들이 몰려오는 것입니다. 그 뿐입니까? 또 크기는 얼마나 큰지요. 인간들은 감히 흉내조차 내지 못할 하나님이 주신 대형 오케스트라요, 장엄한 광경입니다.

그런데 참으로 놀라운 사실이 또 하나 있습니다. 그 위로 올라가면 큰 호수가 있습니다. 이 호수가 얼마나 큰지 모릅니다. 여기부터 조그마한 길목으로 물이 내려와서 폭포가 되는 것입니다. 이 호수는 캐나다 토론토에서 시카고까지 연결되어 있습니다. 그리고 그 호수를 가로지르려면 그 길이가 어찌나 긴지 비행기로 두 시간을 가야 합니다. 자동차로 두 시간을 가도 대단하지 않습니까? 우리가 인천 공항에서 일본에 가는 것도 한 시간 반밖에 안 걸리고, 중국을 가는 것도 한 시간 반인데, 이 호수를 건너는 데는 두 시간이나 걸린다고 하니 얼마나 큰 것이겠습니까? 이 호수에서 배가 길을 잃어버리는 일도 많아서 등대까지 있습니다. 그래서 폭포를 보면 그 크기에 놀라지만, 그 위 더 큰 호수에서 보면 폭포는 마치 눈물과도 같습니다. 비할 바가 못 됩니다. 왜냐하면 폭포 위의 호수는 훨씬 더 어마어마하기 때문입니다.

우리가 대단한 것 같아도 하나님의 대단하심에 비교하면 우리 부유함은 쌀 낱알 하나에 지나지 않습니다. 하나님이 조금 지혜를 부어 주시면 아인슈타인이 되고, 조금 물질을 주시면 빌 게이츠가 되는 것입니다. 나이아가라처럼 조금만 부어 줘도 감당하지 못해 터질 것입니다. 하나님의 능력은 인간이 감당을 못합니다.

저는 여러분들이 다니는 교회를 나이아가라 폭포라고 생각합니다. 여러분의 담임목사님 입에서 나오는 말씀은 나이아가라 폭포에서 떨어지는 말씀입니다. 하나님께서 어마어마하게 쏟아부어 주십니다. 그 목사님 위에 계시는 하나님은 우리가 상상할 수 없는 하나님이십니다. 너무나 위대하신 분이십니다. 너무너무 크신 하나님이십니다.

"내 주 하나님 넓고 큰 은혜는 저 큰 바다보다 깊다
너 곧 닻줄을 끌러 깊은 데로 저 한가운데 가보라
언덕을 떠나서 창파에 배 띄워
내 주 예수 은혜의 바다로 네 맘껏 저어가라."

이 찬송의 고백이 여러분의 신앙 고백이 되기를 바랍니다. 당신의 하나님, 그분의 은혜는 넓고도 깊으십니다. 무한한 분이십니다. 그 하나님을 기대하시기 바랍니다. 하나님의 나라는 차고 넘칩니다. 그 은혜는 영원히 흘러가도 없어지지 않습니다.

고난 가운데서 붙잡게 하시는 하나님

우리는 세상에 기대할 것이 없습니다. 하나님이 아니면 안 되는 것입니다. '교회 안에서는 하나님 말씀대로 살되, 세상에 나가서는 말씀대로 살기 어렵다.'라는 것이 크리스천들이 흔히 갖고 있는 대체적 견해입니다. '어떻게 말씀대로만 살 수 있느냐? 나가서는 세상 방법대로 살아야지.'라고 강변합니다. 우리는 이것을 깨뜨려야 합니다. 하나님 말씀을 떠나서도 성공할 수 있는 것 같고, 잘 되는 것 같지만 결국엔 잘 되는 것이 아닙니다. 하나님 말씀을 떠나서 살아가는 삶은 죽은 것과 다름이 없습니다.

저도 목회를 하면서 가장 큰 고민이, 왜 자기 맘대로 사는 사람이 저렇게 잘 될까 하는 것이었습니다. 불의하게 살아가는데도 돈 벌고, 성공하고, 어떨 때는 목회도 잘합니다. 그런데 나는 왜 이렇게 어려울까? 왜 이 세상은 착한 사람한테도 어려울까? 그런 문제로 방황을 오랫동안 했습니다. 특히 청년 때 상당히 고민을 많이 했습니다. 그런데 성경을 읽으면서 답을 찾게 되었습니다. 하나님 없이 사단으로부터, 세상으로부터, 인간으로부터 주어진 권위는 수명이 길지 않다는 것입니다. 이것은 지붕 위의 풀과도 같습니다. 그러나 하나님이 주신 권위는 영원합니다.

제가 아는 한 군수님은 임기 중에 군내에서 큰 사고가 일어나서 그 일로 인해 옷을 벗게 되었습니다. 그의 상황이 어려워지니 그전에 알던 많은 사람들이 전부 외면하고 아무도 안 도와주더랍니다.

그렇습니다. 어려우면 사람은 다 등을 돌리고 모르는 척합니다. 왜 그렇습니까? 하나님 앞에 나오게 하기 위해 하나님께서 다른 길을 막으시는 것입니다. 땅이 캄캄할 때는 역시 하늘을 바라보게 됩니다. 밤에는 하늘의 별을 보고 길을 찾듯이, 내 주변이 캄캄하고 내 기업이 캄캄할 때는 위를 바라보고 하나님만 바라볼 수밖에 없습니다.

26년 전에, 제가 교회를 개척할 때도 무척 어려웠습니다. 저는 개척하기 전, 어려운 형편에도 최선을 다해서 남을 도와주었습니다. 우리 집에 와서 수 개월 동안 머물다 간 친구도 많았습니다. 그래서 제가 어려우면 그분들이 절 도와줄 줄 알았는데, 개척을 하면서 전에 제가 도와주었던 분들에게 이야기를 하니까 전부 어렵다고 하면서 한 분도 안 도와주는 것입니다. 그래서 하는 수 없이 우선 계약금만 내고 입주를 했는데, 중도금도 제때 내지 못했습니다.

그 당시 믿음 생활을 하던 친척 한 분이 있었는데 그는 결혼해서도 부부가 아주 믿음이 좋고, 새벽 기도도 잘 나가고, 또 사업도 잘되었습니다. 그래서 가까운 사이고 또 제가 목사니까 도와주겠지 했는데 깜깜무소식이었습니다. 그러다 한번은 그 친척이 우리 교회 근처에 일을 보러 왔다가 잠깐 들렀는데, 아이들에게 줄 과자 선물 세트를 하나 갖고 왔습니다. 그것을 놓고 기도할 때 초등학교 1학년이던 우리 둘째 아이가 "우리 아버지가 얼마나 어려우신데 돈을 주시지 왜 과자를 가져오셨어요?"라고 말한 것을 저는 지금도 잊을 수가 없습니다. 그만큼 어려웠지만 그 누구에게도 아무런 도움을 받지 못했습니다.

그러나 다른 한편으로 생각하면 만약 그때 그 친척이 저를 도와주었다면 저는 금식하며 기도하지 않았을 것입니다. 사람을 의지했더라면 영적으로 이만큼 성장할 수 없었습니다. 오히려 아무도 안 도와주고 모두 저를 멀리했기 때문에 하나님만 바라볼 수 있었습니다. 그렇게 기도하니 하나님의 손이 저를 만지시고, 말로 다할 수 없는 은혜를 주셨습니다.

나를 붙잡아 주시는 하나님

우리는 '내게 능력 주시는 자' 안에서 어떤 병이라도 치료받을 줄을 믿고 입으로 시인해야 합니다. 오직 한 분이 모든 것을 해결한다는 것을 기억해야 합니다. 기독교는 예수님 한 분이 천만 가지, 억만 가지 모든 문제를 다 짊어지셨음을 믿는 종교입니다. 예수님은 "수고하고 무거운 짐 진 자들아 다 내게로 오라."라고 하셨습니다. 한 사람만 오라는 것이 아니라 다 오라고 하십니다. 모든 짐을 다 짊어져도 주님은 무겁지 않으십니다. 그러니 주님께 내 가정의 문제를, 자녀의 문제를, 앞날의 문제를, 교회의 문제를 전부 넘기시기 바랍니다. 교회는 왜 나오는지 아십니까? 내 짐을 주님께 넘기려고 오는 것입니다. 짐 맡기려고 오는 것입니다. 이는 참으로 주님을 기쁘게 하는 일입니다.

저도 아이들을 양육할 때면, 자신의 짐을 저에게 이야기하는 자식이 가장 사랑스럽습니다. '요즘 어떤 일이 어렵다고', '지금 뭐가 필요하다고', '어떻게 했으면 좋겠냐고', 이런 질문을 제게 던지면 그 아이가 그렇게 사랑스러울 수가 없습니다. 그런데 말도 안하고 자기 혼자 해결한다고 하면, 그렇게 밉살맞고 서운해집니다. 아직 어리고 부족하기만 한 것이 뭘 믿고 그렇게 기세등등한지 모르겠다는 생각이 듭니다. 아버지인 나에게 얘기하면 충분히 쉽게 해결할 수 있는 것을, 말도 안하고 자기가 해결하려고 하는 것입니다. 하나님의 마음도 이와 같으십니다. 하나님 앞에서 내가 혼자 하겠다고 하는 사람이 그렇게 안타까우신 것입니다. 답답하신 것입니다. 지금도 애타게 우리를 기다리십니다. 하나님 앞에 나와 엎드려 나는 할 수 없다고, 하나님 밖에는 의지할 곳이 없다고, 그렇게 하나님께 모든 걸 맡기길 원하고 바라십니다.

무엇보다, 우리 문제의 해결자이시요, 전능자이신 하나님께서는 우리의 고백을 원하고 계십니다. 기다리고 계십니다. 나를 가장 좋은 길로 인도하시려 기다리고 계십니다. 어마어마하게 은혜를 쏟아부어 주시려고, 고난 가운데 힘든 나를 붙잡아 주시려고 기다리고 계십니다. 결국 인간은 하나님을 만나기 위해서 바르게 찾아가는 길, 그것만 알면 됩니다.

: chapter 4 :

단절과 사귐

어떻게 하면 하나님과의 관계를 회복할 수 있겠는가?
어떻게 하면 하나님과 동행하는 삶을 살 수 있는가?

사람의 문제에 대한 해답을 주실 수 있는 분은 하나님이십니다. 우리는 어떻게 해서든지 하나님과 가까워져야 합니다. 하나님과 가까워지고, 그분과 사귀어야 그분의 도움을 얻는 것이지, 그분과 단절되어 버리면 도움이고 뭐고 받을 수가 없습니다. 그렇다면 하나님께 나아가 그분과 관계 맺는데 성공하기 위해서는 어떻게 해야 합니까? 우리는 어떻게 하면 하나님과 사귀는 삶을 살 수 있겠습니까?

우선, 우리는 기도 생활, 말씀 생활, 예배 생활을 먼저 살펴볼 필요가 있습니다. 하나님과 대화하고, 하나님의 뜻을 알고, 하나님을 섬기는 일은 사귐의 기본이 되는 일이기 때문입니다.

기도 생활을 통한 사귐

제가 아는 성도 중에 삼백여 일 만에 태평양 바다를 횡단한 사람이 있습니다. 신문에서도 계속 다룰 정도로 큰 이슈였습니다. '미스터 강'이라는 그는 횡단 중에 저에게 편지를 보냈습니다. 제가 한번은 무섭지 않느냐고 물어보았습니다. 그러니 무엇이 무섭냐고 되물으면서, 하나도 안 무섭다고 했습니다. 삼백 일이 넘는 시간을 혼자 보낸다는 것은 보통 어려운 일이 아닙니다. 집채만 한 파도를 만날 때는 200m가 넘는 큰 배도 견디지 못하는데, 겨우 8m짜리 배가 어떻게 견디겠습니까? 그것도 바다 한가운데서 비가 사정없이 퍼붓고, 캄캄한 밤에 천둥, 번개까지 치면 제 아무리 용감무쌍한 뱃사람이라도 혼자서는 견디기 힘들 것입니다. 그래서 저는 다시 한 번 물어보았습니다. 그런데 그의 대답은 아주 간단했습니다. 그는 특별히 사귀는 분, 주님이 있기 때문이라고 했습니다. 주님을 생각하니 겁나는 일도 없고, 두려울 것도 없고, 낙심될 것도 없었답니다. 그는 삼백여 일간 파도라는 두려움과 맞서 싸운 것이 아니라 주님과 기도로 교제한 것입니다.

새벽 기도, 철야 기도, 금식 기도, 침묵 기도, 강청 기도 등 많은 기도가 있지만 기도의 가장 중요한 본질은 '사귐'입니다. 기도는 하나님 앞에서 하는 대화입니다. 기도란 말의 원래 뜻이 대화입니다. 그래서 타 종교에서도 기도하지만 실질적인 기도는 기독교의 기도가 참 기도입니다. 만남이 있기 때문입니다. 영적으로 하나님과 만나는 것입니다. 타 종교에는 인격적인 만남이 없고, 커뮤니케이션이 없습니다. 일방적일 뿐입니다. 그러나 우리는 기도를 일방적으로 하면 안 됩니다. 주기도문을 봐도, 하늘에 계신 우리 아버지를 부르고, 아버지가 영광을 받으시도록, 하나님의 뜻이 이뤄지도록, 아버지의 나라가 잘 되도록 기도합니다. 우리가 하나님의 나라를 위해서 먼저 기도하고, 대화식으로 기도하지, 일방적으로 '아들 주세요, 딸 주세요, 대학 입시 붙여주세요.' 하지 않습니다. 그런 일방적인 기도는 훈련이 안 된 교인들이 하는 기도일 뿐, 본래 기도가 그런 것은 아닙니다. 그래서 우리는 생활 속에서 매 순간마다 '하나님과 사귐'으로서 기도 생활이 잘 이뤄지고 있는지 스스로 점검할 필요가 있습니다.

말씀 생활을 통한 사귐

유대인들은 땅도 적고, 인구도 얼마 안 되고, 지하자원도 없습니다. 전 세계에 있는 유대인 인구가 1,450만 명. 그중에 한 670만 명 정도가 미국에 살고 있고, 이스라엘 본토에는 전 인구 다 합쳐봐야 한 500만 명 정도밖에 안 됩니다. 그렇게 조그마한 나라입니다. 그렇지만 다른 나라와 다른 것이 딱 하나 있습니다. 철저하게 하나님을 믿고 하나님을 섬기는 믿음. 이 하나가 가정, 사회 제도, 정부에 반영되는 것입니다. 그렇게 나라의 모든 기초에 믿음을 반영해서 온 국민이 하나님을 잘 믿도록 만든 것입니다. 나라의 지도자들도 자기를 지지해 달라는 것이 아니고, 하나님을 지지해 달라고 말합니다. 나라의 법이 아니라 하나님의 법 잘 지키라는 것입니다. 그래서 그 나라의 모든 교육은 하나님을 잘 배우는 것입니다. 이것이 다른 나라와 다른 그들의 특별한 이유가 되었습니다.

저희 교회 부목사 한 사람이 히브리 대학에서 공부를 하고 있었는데, 몇 년 동안 공부하다가 얼마 전에 한국에 들어왔습니다. 그의 자녀들이 아기였을 때 떠났는데 초등학교 3학년과 1학년이 되어 돌아왔습니다. 그래서 제가 "너희들은 학교에서 뭘 배웠니?" 하고 물었더니 그 아버지와 아이들이 동시에 대답합니다. '3년 동안 창세기를 외웁니다.'라고 말입니다. 3년 동안 창세기를 거의 다 뗀다고 합니다. 그래서 혹시 그럼 너도 창세기를 외우느냐고 묻자마자, 바로 창세기 1장 1절부터 히브리말로 다 외우는 겁니다. 그곳에서 다른 공부는 결코 중요하지 않다고 합니다. 학교 다니기 전에는 일절 공부 안 시키고, 들어간 다음에는 창세기부터 출애굽기를 계속 공부시킨다는 겁니다.

1967년 '6일 전쟁'이 일어났습니다. 전쟁이 일어나서 아랍에 있는 13개 국가가 이스라엘을 향해 침략해 왔습니다. 이스라엘은 1948년에 해방되었고 1967년에 전쟁이 일어났으니, 해방 20년

만에 아직 나라 구실도 못하던 때에 전쟁이 일어난 것입니다. 석
유를 팔아서 축적한 돈으로 어마어마한 현대 무기를 사서는, 공
중에서 바다로 육해공군이 전부 쳐들어 왔습니다. 전쟁은 간단하
게 끝날 줄 알았습니다. 이 전쟁으로 인해 유대인이 지상에서 없
어질 것만 같았습니다. 그때 이스라엘에는 한쪽 눈이 애꾸인 모
세 다얀이라고 하는 장군이 있었습니다. 이 장군이 기자 회견을
했습니다. 그 기자 회견에서 그는 세 가지를 이야기했습니다. '첫
째, 우리는 2,500년 동안 기다렸던 이 나라의 독립을 얻었다. 우
리는 이 전쟁에 개입하지 않을 수 없다. 그래서 싸움하지 않을 수
없다. 둘째, 이 전쟁은 빠른 시일 내에 끝날 것이다. 셋째, 우리는
전 세계 최고의 최신식 무기를 갖고 있기 때문에 이 전쟁은 우리
가 승리할 것이다.'라고 선언한 것입니다.

그러자 미국의 FBI나 CIA, 구소련의 KGB나 전 세계의 정보
망은 유대인이 갖고 있는 '최신식 무기'가 무엇인지 집중적으로
조사를 했습니다. 세계 정보망이 다 달려들어서 유대인이 갖고
있는 무기가 뭔지 알아내려 했습니다. '핵무기인가? 전 장병이
다 갖고 있다고 하면 핵무기도 아닐 것인데……' 하면서 말입니
다. 결국 전쟁은 6일 만에 이스라엘의 승리로 끝났습니다. 그래서
이 전쟁의 이름을 '6일 전쟁'이라고 합니다. 전쟁이 끝난 후, 드
디어 판도라의 상자가 열렸습니다. 모든 유대인 장병이 지닌 최
신식 무기가 무언지 온 세계가 촉각을 곤두세웠습니다. 드디어

그 무기가 공개되었습니다. 모든 장병들은 자신의 왼쪽 주머니에 있는 성경을 내보였습니다. 그건 바로 포켓용 성경이었습니다. 세계는 다시 한 번 놀랐습니다.

이 사실은 우리에게 많은 것을 시사해 줍니다. 다른 어떤 강대국과 UN이 와서 도와도 하나님이 도우지 않으시면 안 된다는 사실입니다. 하나님이 함께하지 않으시면 누구도 승리할 수 없습니다. 약하고 부족해도 이 세상의 가장 저주받은 사람일지라도 하나님만 함께하신다면 비록 이 세상이 험하고 어려워도 큰 권능을 얻게 되는 것입니다.

하나님의 말씀을 사모하고, 그분의 마음을 이해하는 것은 귀한 일입니다. 말씀과 함께 살려고 노력할 때, 바로 그때 하나님이 함께하십니다. 무엇보다 우리는 이러한 말씀 생활을 통해서 하나님과의 사귐이 잘 이뤄지고 있는지 매 순간 점검할 필요가 있습니다.

예배 생활을 통한 사귐

교회는 한 가지 목적을 가진 사람이 나오는 곳입니다. 바로 천국에 목표를 두는 것입니다. 그래서 하나님 나라의 법도를 교회에 나와서 배우는 것입니다. 그것이 바로 예배입니다.

우리는 하나님께서 주신 이 땅에서 나그네의 삶을 살다가 천국에 가려고 해야지 이 땅에서 특별히 더 좋은 곳을 찾아서는 안 됩니다. 땅에 있지만 하늘의 이야기를 들으면서 하나님 나라를 준비해야 하는 것입니다. 대학에 가려고 하면 수능 시험을 준비하고 미국에 이민 가려면 영어를 배우고 미국 문화를 배우듯이 하나님 나라에 가려면 그 나라를 배워야 합니다. 우리가 이 땅에서 영원히 살 것 같으면 교회에 나올 필요가 없습니다. 우리는 천국에 소망이 있기에 그 나라 생활을 배우고, 그 나라 이야기를 듣고, 하나님의 법도를 배우는 것입니다.

무엇보다 교회는 하나님을 만나는 곳, 하나님과의 사귐이 있는 곳입니다. 예배를 통해 하나님을 만나고, 위로부터의 기쁨을 얻는 것입니다. 여호와가 나의 목자시고, 그분이 나의 길이요, 생명의 빛이요, 힘과 능력이 되셨다고 했습니다. 우리는 복 주시는 하나님을 즐거워하고 주의 집에 나올 때에 예배를 즐거워해야 합니다. 그럴 때 우리는 교회를 통해서, 예배를 통해서 하나님과 사귐의 장을 가질 수 있고, 그 사귐을 영원히 지속하도록 하는 준비가 가능해집니다. 우리 자신의 예배 생활도 이런 측면에서 돌아볼 필요가 있습니다.

하지만, 여전히 목마르다!

우리는 기도를 통해서, 말씀을 통해서, 예배를 통해서, 교회를 통해서 하나님과 만남을 가질 수 있습니다. 인간의 길과 능력은 하나님과의 만남에 있습니다. 특히 하나님과 어떤 식의 만남을 갖느냐가 중요합니다. 물과 모래, 시멘트가 적당한 비율로 잘 결합될 때 단단해지듯이, 또 남자와 여자의 결합이 잘 되고 자기 역할을 다할 때 좋은 가정을 이룰 수 있듯이 하나님과 우리도 잘 결합되어야 합니다. 그러나 어떻습니까? 잘 결합되어 있습니까? 뭔가 아쉬움이 있지는 않습니까?

적어도 이 책을 지금까지 읽어 오신 분들 가운데는 기도 생활, 말씀 생활, 예배 생활, 교회 생활을 하지 않는 분들은 없을 것입니다. '이건 이미 알고 있는 것 아닌가.' 하면서 이것만으론 뭔가 부족하다고 느끼시지 않을까 생각됩니다.

이것은 마치 공부하는 학생이 느끼는 갈증과 같습니다. 학생이라면 누구나 열심히 공부를 합니다. 공부를 안 하는 사람은 없습니다. 하지만 모두가 시험 성적에 만족하는 것은 아닙니다. 또한 직장인이라면 누구나 열심히 일을 하고 돈을 법니다. 그러나 모두가 원하는 만큼 재물과 지위를 얻는 것은 아닙니다. 모두가 무언가 조금씩 부족함을 느낍니다.

신앙생활도 마찬가지입니다. 믿음 생활을 하는 사람 중에 기도를 안 하는 사람은 없습니다. 말씀을 안 읽는 사람도 없습니다. 그러나 읽어도 와 닿지 않을 수가 있습니다. 또 예배를 안 드리는 사람도 없습니다. 그러나 예배를 통해 받은 은혜가 밋밋하게 느껴질 수 있습니다. 교회에 나가고는 있지만 공허한 것입니다. 문제는 항상 있습니다. 몇 년, 몇십 년을 믿었다고 해도, 흔들리는 연약한 믿음으로 좌절이 때때로 다가오기 때문입니다.

사실 저는 이 힘들고 문제 많은 시대에, 엄청나게 큰 먹구름으로 다가오는 이 어두움을 이기기 위해서는 더 강력한 영적 힘이 필요하다고 봅니다. 이 험난한 세상 가운데서 매일매일 살아가려면 뭔가 끊임없는 영적 충전이 필요한 것입니다.

그러나 금식 기도를 항상 할 수는 없지 않습니까? 철야 기도도 금요일 하루뿐 입니다. 그렇기 때문에 우리는 매일 훈련할 수 있는 꾸준한 영적 충전과 보완, 그리고 무장을 갈급해 하는 것입니다.

지금, 목마르지 않습니까? '하나님과 나의 사귐 속에 무엇이 부족한 걸까?' 하고 말입니다. '이것을 채울 수 있는 방법은 무얼까?', '뭔가 끊임없는, 강력한 영적 충전의 방법은 없을까?' 하고 말입니다.

chapter 5

다시, 새벽 기도

나는 분명 신앙인이다. 하지만 여전히 곤고하지 않은가? 남들은 어떤가.
영적 성공 모델을 따르라. 보다 영적으로 앞서가라. 영적인 프로가 되라!
이를 위해서 새벽 기도라는 훈련소에 입소하라! 영적 유격 훈련을 받으라!

성공으로, 행복으로 가는 좋은 비결은 행복한 사람을 본받는 것입니다. 그럼 행복해집니다. 공부 잘하는 길이 무엇입니까? 공부 잘하는 사람을 본받는 것입니다. 서울로 가는 길이 무엇입니까? 서울 가는 길을 따라가는 것입니다. 서울 가는 사람을 따라가면 서울이 나옵니다. 그래서 지옥 가는 사람을 따라가면 지옥으로 가는 것입니다. 신앙생활도 마찬가지입니다. 내가 영적으로 부흥하는 비결이 뭡니까? 그 비결이 어디에 있습니까? 영적으로 앞서가는 사람을 따라가면 되는 것입니다. 많은 사람들은 하나님께서 영적으로 부흥하는 모델을 주셨는데도 불구하고 찾아보지도, 본받지도 않습니다. 그저 자꾸 다른 사람의 단점을 찾아 비판하곤 합니다. 그런데 부정적이면 자신이 힘이 듭니다. 계속해서 길을 찾지 못하고 천안 삼거리에서 헤매는 것입니다. 이런 사람들은 끝까지 고생하고, 영적으로 궁핍하게 사는 수밖에 없습니다.

믿음의 재테크, 믿음의 이자를 쌓는 법

가난한 집에는 묵은 것이 없습니다. 감자를 캘 때 부잣집은 적절한 때에 캐서 쪄냅니다. 그 감자에 설탕을 찍어 먹으면 그 맛을 어찌 말로 표현할 수가 있겠습니까? 그러나 가난한 집은 새알만하게만 자라면 금세 캐서 먹어 버립니다. 가난하니까 익지도 않은 것을 캐어 먹는 것입니다. 그래서 정작 감자를 캘 때가 되면 캘 감자가 없습니다. 벼농사도 마찬가지입니다. 파르스름하면 가서 베어다가 손으로 훑어서 먹어 버리니깐 언제나 궁핍하고 제대로 익은 것을 먹지 못합니다. 가정들도 물질의 축복을 받아 벌어 놓은 돈을 써야 하는데, 어떤 집은 벌기도 전에 가불을 해서 써 버려서 막상 월급 때가 되면 탈 돈이 없습니다. 이것은 결코 축복이 아닙니다.

신앙도 마찬가지입니다. 믿음도 묵어야 합니다. 묵은 믿음은 백 년이 지나도 궁핍함이 없는데, 가난한 믿음은 점점 더 가난해집니다. 믿음에는 큰 믿음, 산 믿음, 부유한 믿음, 능력 있는 믿음이 있습니다. 부유한 믿음은 백 년이 가도 흔들리지 않는데, 한 주일도 믿음의 생활을 못하고, 믿음이 늘 흔들리는 연약한 믿음,

가난한 믿음들이 있습니다. 하나님 앞에 묵은 축복으로 창고가 넘치는 풍성한 은혜가 있기를 바랍니다. 몇 년 믿고, 잘 믿었다고 큰소리치지 마시고, 큰 믿음의 사람들처럼 은혜 위에 살이 쪄서 건강한 은혜가 영혼에 가득 차고 넘쳐야 하는 것입니다.

무엇이든지 풍성해야 합니다. 우리의 심령은 부흥해야 합니다. 하나님 앞에 나아갈 때, 내 영혼에 가장 좋은 은혜가 내 심령 안에 가득가득 차서 넘치는 것, 이 얼마나 귀한 일입니까? 이제 우리는 그 믿음의 이자를 부지런히 쌓아야 합니다. 믿음의 이자를 어떻게 하면 쌓을 수 있을까요? 어떻게 고율의 이자를 쌓을까요? 그 해답은 새벽 기도밖에 없습니다. 새벽 기도만큼 이율이 높은 프로그램은 없습니다.

왜 새벽 기도입니까? 매일 이자를 쌓도록 하는 훈련이기 때문입니다. 새벽 기도는 큰 믿음을 갖도록 또 영적 베테랑이 되도록 하는 매일의 훈련이기 때문입니다. 주변의 큰 믿음의 사람들, 영적 베테랑들을 살펴보십시오. 그들은 한결같이 새벽 기도를 말하고 있습니다.

영적 유격 훈련에 참여하는 사람들

우리에게 묵은 신앙을 채워주고, 영적 부자를 만들어주는 새벽 기도. 우리를 영적 베테랑으로 만들어주는 새벽 기도. 그러나 이는 사실 보통 어려운 훈련이 아닙니다. 군대로 치면 유격 훈련입니다. 새벽 기도가 우리 성도들에게는 유격 훈련과도 같아서 새벽 기도에 참석했다는 것은 영적 강도가 높은 집중 훈련을 받은 것과 같은 뜻입니다. 낮 예배, 저녁 예배에만 참석하는 것은 땅 짚고 헤엄치기와 같습니다. 자칫 교회 자랑일 수 있기에 언급하지 않으려 했지만, '아이들도 이 정도 하는구나!' 하는 도전이 될 수 있다고 생각되어 말씀드려보겠습니다. 저희 교회 아이들이 최근 특별 새벽 집회에 8,000명 정도가 개근을 했습니다. 보통 주일 예배 재적이 1만 7000여 명, 출석이 1만 4000여 명인데, 그 중에서 이렇게 많은 아이들이 개근을 했습니다. 유치원 아이들로부터 중·고등학생까지 개근을 했고, 개근은 못했어도 참석한 아이들은 물론 더 많습니다. 26년 동안 52번의 특별 새벽 집회를 이끌어 오면서 저와 우리 교인들이 똑같이 경험한 것은 새벽 기도하는 모든 교인들에게 성령이 역사하신다는 것입니다.

6살 먹은 아이가 항상 깨어나는 것, 이 아이가 일어날 아이가 아닌데도, 하나님이 반드시 깨워주시고 도와주신다는 것입니다. 새벽 기도를 통한 은혜는 이미 출발 때부터 시작되는 것입니다. 하나님의 임재를 직접 경험하게 됩니다. 그래서 자신의 의지가 아닌 주님의 도우심으로 벌떡 일어납니다. 그리고 어머니가 가자고 하면 바로 일어나고 오히려 안 데리고 가면 신경질을 내는 것입니다. 왜 안 깨웠느냐고 말입니다. 이처럼 새벽 기도에 참석하는 이에게는 출발부터 한없는 은혜가 부어진다는 것을 온 성도가 다같이 경험했습니다. 결국 새벽 기도를 통해 얻은 응답과 경험은 체험의 신앙으로 바뀝니다. 사람들이 이렇게 열심히 새벽 기도에 나오는 것에 대해서 저는 생각해 봅니다. 그것은 하나님의 자녀로서 아버지를 열심을 다해 사랑하고, 그의 자녀로서 사랑하는 아버지를 만나고자 이른 새벽 첫 시간에 나아오니 주님께만 있는 만족과 기쁨을 한없이 넘치도록 받게 되는 것 아니겠습니까?

이유가 있어서 사람들이 감동을 받습니다. 이유가 있어서 사람들이 몰려듭니다. 새벽 기도는 어려운 문제가 있는 사람만 나와서 부르짖는 그런 것이 아닙니다. 바로 아무 문제가 없어 보이는 당신이 할 일입니다.

다시 새벽 기도에 대해 생각해 보라

제가 사람들에게 새벽 기도를 권하면, '새벽 기도가 정말 그렇게 좋아요?'라고 사람들은 반문합니다. 제가 여러 교회 성도들로부터 자주 받는 몇 가지 질문들을 소개합니다.

| "목사님, 저는 새벽 기도를 할 만큼 절박한 문제가 없는데요. 그런데 성경에서 꼭 새벽 기도를 하라고 했나요? 하나님께서 그렇게까지 원하실까요?"

| "왜 꼭 새벽 시간에 기도를 해야 합니까? 저는 저녁형 인간인
데요. 너무 힘이 듭니다. 더구나 낮에 온종일 공부할 것, 일할 것을
생각하면 엄두가 안나요. 그 이른 시간에 꼭 교회까지 가야 하나
요? 집에서 하면 안 되나요?"

| "저는 새벽에 갈급한 마음으로, 특별한 목적을 가지고 작정
기도를 하는 경우가 많습니다. 기도의 시작부터 마무리까지 간구하
는 법, 마음가짐 등에 대해서 말씀해 주세요. 또 작정 기간 동안 승
리한 후 받은 응답을 지키는 법에 대해서도 부탁드려요."

| "저는 새벽 기도를 억지로라도 참석은 하지만 별 은혜나 도전
을 받지 못하고 돌아가는 경우가 많아요. 그래서 이제는 나가지 말
까라는 생각도 듭니다. 사실 가서 내내 졸다가 오는 경우도 많은데
요. 이렇게 참석하는 것은 의미 없는 일이라고 생각해요."

제가 여기서 여러분께 드리고 싶은 말씀이 하나 있습니다. 우
리에게는 모든 것을 이길 만한 강력한 도구가 있다는 것입니다.
하나님과의 관계를 회복하고, 사귐을 가지지만, 연약한 믿음 때
문에 힘들어하는 분들에게 큰 도움이 되는 도구가 있는데 그것이
바로 새벽 기도입니다. 그래서 새벽 기도를 다시 한 번 생각해 보
자는 것입니다. 저도 처음에는 몰랐습니다. 주님이 부르시니까

그냥 했던 것입니다. 저도 이렇게나 엄청날 줄은 몰랐습니다.

"이만하면 된 거 아니냐!"라고 생각하지 않았으면 좋겠습니다. 늘 부족하고 죄인이라는 마음가짐이 있기를 바랍니다. 눈물샘이 마르지 않는 그런 기도가 필요합니다. 여러분, 믿으려면 확실히 믿어야 하지 않겠습니까? 대충 '예배만 참석하면 되겠지.' 하지 않길 바랍니다. 영적으로 경쟁하고, 앞서 가고, 프로가 되십시오. 영적 재산을 잘 관리하십시오. 영적 1등을 바라보면서 믿음의 선배들의 방법을 배우고 따라해 보십시오. 그들은 모두가 새벽 기도를 합니다. 그래서 저는 새벽 기도를 강력히 추천하는 것입니다. 광풍이 매일같이 몰아치는 이 땅에 사는 우리는 주일 예배 한 번 드리는 것으로는 그 광풍을 이겨나가기가 역부족입니다. 나름대로 하는 신앙생활로는 부족합니다. 영적인 은혜를 지속할 수 있는 에너지가 필요합니다. 그래야 능히 세상을 이길 수 있습니다. 끊임없이 강력한 영적 충전을 해야 합니다.

"나는 충분히 신앙생활 잘 하는데, 새벽 기도까지? 너무 과도한 거 아닌가?"라는 생각은 하지 않기를 바랍니다. 반복되는 고통, 반복되는 신앙적 회의감 등 이런 것을 더 이상 갖지 않도록 하자는 것입니다. '새벽 기도? 나도 몇 번 해봤는데, 그거 너무 힘들어.' 하는 마음을 갖지 말자는 것입니다. 여전히 힘들고 낯설게만 느껴질 수도 있습니다. 몇 번 참석해 보다가 그만 두었을 수도 있을 것입니다. 여전히 가까이 하기엔 너무 먼 새벽 기도일 수도 있습니다. 알고는 있지만 실행으로 옮길 결심을 할 정도는 아닐 수도 있습니다. 그러나 다시 새벽 기도에 대해서 한번 진지하게 생각해 보는 것은 어떻겠습니까?

"정말 하나님도 그렇게까지 원하실까요?"라는 질문을 받을 때도 있습니다. 그러나 중요한 사실 하나가 있습니다. 하나님께서 당신을 몹시도 기다리고 계신다는 것입니다. 성경은 이 깊은 뜻과 그 안에 담긴 하나님의 비밀을 전하고 있습니다.

part 1 ... 새벽 기도의 재발견

1. **새벽은 우리의 문제를 발견할 수 있는 기회다.**

   하나님을 만나러 새벽에 일어나는 것은 쉽지 않은 일이다.
   그러나 새벽 기도를 하다가 뜻밖에 우리의 문제를 발견할지 모르니
   기대감이 필요하다.

2. **사람들은 모두 한계 상황에 직면해 있다.**

   물질문명이 발달했음에도 우리 시대 사람들은 힘들어하고 있다.
   왜 이렇게 힘든 것인가? 우리 모두는 그 원인을 알고 싶어한다.

3. **하나님만이 우리의 문제의 해답이다.**

   하나님은 전지전능하시며 우리 문제를 해결하실 수 있는 분이다.
   그 하나님은 우리를 사랑하시고 붙잡아 주시는 세밀한 분이다.

4. **하나님과 관계를 회복하는 것이 급선무다.**

   우리를 돌보시는 하나님과 관계를 회복하는 것은 시급한 일이다.
   그런데 기도 생활, 말씀 생활, 예배 생활만으로는 뭔가 허전한 느낌이다.

5. **새벽 기도만큼 우리의 신앙을 성숙시키는 것은 없다.**

   신앙생활이 여전히 곤고하다면 영적 성공 모델을 모방하는 것이 필요하다.
   이를 위해서는 새벽 기도라는 영적 유격 훈련을 받는 것이 최선이다.

:함께하는 새벽 기도

새벽 기도 후 소그룹 별로 다음의 내용을 가지고 모임을 갖습니다. 소그룹 모임이 어려울 경우에는 개인적으로 말씀 묵상과 찬양 후, 질문에 답하고 기도하는 시간을 가지는 것이 좋습니다.   – 편집자 주

📖 새벽의 묵상 말씀

"내가 날이 밝기 전에 부르짖으며 주의 말씀을 바랐사오며."

_시편 119:147

🎵 새벽의 찬송

새벽부터 우리 사랑함으로써

저녁까지 씨를 뿌려 봅시다

열매 차차 익어 곡식 거둘 때에

기쁨으로 단을 거두리로다

거두리로다 거두리로다

기쁨으로 단을 거두리로다

거두리로다 거두리로다

기쁨으로 단을 거두리로다

_ 새벽부터 우리 / 찬송가 260장(새 496장)

🎀 새벽을 풍성하게 하는 나눔

1. 새벽 기도를 통해서 하나님으로부터 기대하는 바가 무엇
   인지 이야기해 봅시다.

   ----

2. 새벽 기도의 참석을 방해하는 장애물들이 있다면 나눠
   봅시다.

   ----

3. 서로 도우며 함께 새벽을 깨울 동역자 명단을 적어 봅
   시다.

✏️ 새벽에 기도할 제목들

1. 새벽 기도 참석을 방해하는 모든 환경과 장애물에 휩쓸리
   지 않도록

2. 이른 새벽을 깨우며 주님과의 첫사랑을 회복할 수 있도록

prayers in
daybreak...

—

목마른 내 영혼

주가 이미 허락한 그 귀한 영생수 주여 갈망합니다.

그 약속 따라서 힘써 간구하오니

오 주여 내 기도 어서 들어주소서

찬송가 409장(새 309장)

—

새벽 기도의
본질

prayers in
daybreak...

chapter 1

새벽에 예수님을 따라

우리는 예수님을 따라 살아야 한다.
예수님의 삶은 어떤 삶이었을까? 바로 기도하는 삶이었다.
그리고 예수님은 특별히 새벽 기도에 열심을 다하셨다.

예수님의 삶, 기도의 삶

성경은 우리 신앙의 뿌리입니다. 그러므로 우리는 성경에서 모든 답을 찾을 수 있습니다. 또 성경을 통해 우리가 이 땅을 살아가는 목적인 예수님을 우리 삶의 중심에 두고 따라가며 본받을 수 있습니다. 저 역시 그것을 잘 알고 있기에 성경을 제 신앙의 나침반으로 항상 사용하고 있습니다.

어느 날이었습니다. 문득 저도 모르게 성경을 읽다가 귀한 증거를 찾게 되었습니다. 늘 성경을 가까이한다고 생각했던 저인데도 몰랐던 사실입니다. 그것은 바로 예수님의 삶은 전부 '기도의 삶'이었다는 것입니다.

보스턴 대학에서 Ph.D.를 한 동문이 한 명 있는데, 그의 논문 주제가 바로 새벽 기도에 대한 것이었습니다. 그가 제게 말하기를 자기가 연구를 해보니까 예수님께서 십자가 위에 계셨던 시간이 전부 기도의 시간이었다는 것입니다. 저는 '가상 칠언'이라 하여 십자가에 달리신 예수님은 단지 일곱 마디의 말씀만 하신 줄 알아왔습니다. 그런데 가상 칠언이라고 하는 그것이 단순한 소리 지름이 아니라 전부 기도였다는 것입니다. 십자가에 달려 계셨던 6시간이 모두 기도의 시간이었던 것입니다. 권위 있는 많은 성서학자들도 한결같이 그렇게 입을 모았습니다. 예수님은 전부 기도로 시작해서 기도로 끝을 맺으셨습니다.

> "제구시쯤에 예수께서 크게 소리 질러 이르시되
> 엘리 엘리 라마 사박다니 하시니 이는 곧 나의 하나님, 나의 하나님,
> 어찌하여 나를 버리셨나이까 하는 뜻이라"
>
> | 마태복음 27:46 |

십자가 위에서 외치신 그 모든 것이 다 기도입니다. 마지막 운명하시는 순간까지 기도를 놓지 않으셨습니다. 이렇게 예수님의 생애는 출발부터 마지막까지 그 생애 모두가 기도였다는 것을 알게 되었습니다.

저도 자세히 몰랐는데 막상 그렇게 듣고는 얼마나 놀랐는지 모

릅니다. 주님이 언제 얼마나 기도하셨느냐 하는 건 두말할 나위가 없습니다. 그래서 주님께서는 제자들에게 그리고 우리들에게 다른 무엇보다도 기도만큼은 철저하게 강조하셨습니다. 그러므로 기도하는 삶은 예수님을 따르는 삶입니다. 그리고 악한 시대와 싸워 이기고 승리할 수 있는 창과 방패입니다. 주님은 언제나 기도를 떠나지 않았습니다. 능히 하실 수 있음에도 항상 기도하셨습니다.

예수님의 새벽 기도

'새벽 기도'란 새날의 시작과 더불어 최초의 생각을 하나님께 집중하는 일입니다. 그것은 하나님이 주시는 능력을 얻어 하루의 삶을 그분의 뜻대로 살아가려는 순종의 기도요, 중보의 기도요, 헌신의 기도인 것입니다. 새벽 기도에 나오는 성도들은 그만큼 정성과 희생을 바칠 수 있는 사람이며 하나님을 신뢰하는 사람입니다. 그러므로 교회가 교회되고 교인이 교인되기 위해서는 새벽 기도가 필요한 것입니다. 성경은 우리에게 새벽 기도의 중요성을 여러 가지 실례를 통해 보여 줍니다.

우리는 성경 속에서 많은 믿음의 조상들이 새벽 제단을 쌓은 흔적을 찾아볼 수 있습니다. 성경에는 새벽 기도를 실행했던 많은 사람들이 있습니다. 아브라함은 일찍 일어나서 하나님께 희생 제물을 드리기 위해 하나님께서 지시하시는 곳으로 갔습니다 창 22:1-3. 야곱은 일찍 일어나서 벧엘에 돌기둥을 세우고 기도했습니다 창 28:10-22. 모세는 아침 일찍 일어나서 제단을 쌓고 주님께 부르짖었습니다 출 24:1-8. 이스라엘의 제사장들도 매일 아침 희생 제사를 드렸습니다 레 6:12-13. 하나님의 축복을 받고 사용되었던 사람들은 늦잠을 자는 경우가 드물었습니다. 여호수아는 미명에 일어났고 새벽에 여리고를 점령했습니다 수 6:1-21. 다윗은 아침 일찍이 기도했고 "내가 새벽을 깨우리로다."라고 노래했습니다 시 5:3; 108:1-2, 대상 23:30.

그 중 가장 잘 나타나 있는 새벽 기도의 전형적인 모델은 예수님께서 이른 새벽 조용한 장소에서 하나님과 깊이 교제하시는 모습입니다. 예수님의 새벽 기도는 새벽 기도의 완벽한 형태입니다. 예수님은 새벽에 늘 깨어 기도하셨습니다. 예수님의 기도 생활 중심에는 언제나 새벽 기도가 있었습니다.

> "새벽 아직도 밝기 전에 예수께서 일어나 나가
> 한적한 곳으로 가사 거기서 기도하시더니"
>
> | 마가복음 1:35 |

예수님은 기도의 챔피언이셨습니다. 예수님은 할 수 있는 대로 열심히, 많이 기도하셨습니다. 누가 깨우거나 강요해서가 아니라 당신 스스로 일찍이 기도로써 하루를 준비하셨습니다. 하루의 첫 시간을 아버지와 함께 시작하셨던 것입니다. 눈을 뜨면 가장 먼저 하나님 아버지께로 달려가 기도하셨습니다. 언제나 변함없이 그렇게 하루를 시작하셨습니다. 그렇기에 새벽 기도는 주님을 따라가는 삶입니다.

하나님께서는 새벽 시간에 우리를 기다리고 계십니다. 우리가 아버지를 찾으면서 하루를 시작하기를 원하십니다. 우리의 첫 시간을 아버지 앞에 드림으로써 오직 하나님만 바라보는 순종의 삶을 살길 바라십니다. 예수님과 같은 삶을 살길 원하십니다. 주님 닮기를 간절히 소원하며 새벽을 깨우십시오. 하나님께서 언제나 당신과 함께 계실 것입니다.

: chapter 2 :

새벽에 꼭 그 힘든 시간에?

기도해야 한다는 것은 잘 알겠다.
그러나 꼭 그 힘든 새벽 시간에 기도해야 할 이유라도 있나?

새벽, 왜 특별한 시간인가?

많은 사람들이 와서 제게 질문을 합니다. 기도가 중요한 것은 알겠는데, 왜 꼭 새벽 기도냐는 것입니다. 얼마든지 더 좋은 시간을 낼 수도 있는데, 왜 그토록 새벽을 강조하느냐고 말합니다. 하나님은 우리의 모든 기도를 듣고 계시는데 굳이 모이기도 힘들고, 교회에 나가기도 어려운 새벽에 일부러 어렵게 기도를 하느냐는 것입니다. 저는 이 질문들에 결코 당황하지 않았습니다. 제 마음속엔 이미 오래 전부터 하나님께서 보여 주신 확신이 있었기 때문입니다. 저는 자신 있게 대답합니다. 왜 하필 꼭 새벽인가? 그 이유는 하나님께서 가장 기뻐하시는 시간이 바로 새벽이기 때문입니다. 하나님께서는 많은 시간들 중 새벽을 가장 특별하게 생각하고 계십니다.

예를 들어 봅시다. 부모가 자녀들과의 대화 시간을 갖기로 했습니다. 요즘 어떻게 지내는지, 일은 잘 하고 있는지, 건강은 괜찮은지, 용돈은 떨어지지 않았는지…… 자세히 그 형편과 근황을 알기 위해 가장 좋은 시간을 선택해 집중적으로 대화를 나누는 것입니다. 일종의 특별 면담 시간입니다. 여러 형제, 자매가 함께 얘기하는 시간에도 대화가 되긴 하겠지만, 나만을 위한 시간은 될 수 없습니다. 모두의 얘기를 다 들어 줘야 하기 때문입니다. 그래서 시간을 따로 정해 두고 그 시간에는 내 얘기만을 들어주시는 특별한 시간으로 약속하셨습니다. 그 시간이 바로 새벽입니다. 새벽은 하나님께서 우리와 약속하신 특별한 시간입니다. 그렇다면 하나님께서는 왜 새벽을 특별하게 생각하시는 것일까요? 거기에는 이유가 있습니다.

새벽, 하루이 첫 마음

성경을 보면 하나님은 처음 것을 기뻐하십니다. 아들도 첫 아들, 곡식도 처음 곡식, 절기도 첫 달인 유월절이 가장 중요합니다. 새해 첫 달, 첫 시간. 다른 더 좋은 시간들이 있음에도 굳이 왜 하필 처음 것에 그렇게 의미를 두시는 것일까요? 그 이유는 다름 아닌 바로 우리의 마음에 있습니다. 사람은 항상 무엇을 하든 처음 하는 것에 많은 시간과 정성, 가진 모든 것을 아낌없이 투자합니다. 그래서 처음 것을 가장 소중히 여기고 특별한 의미를 부여합니다. 하나님께서는 그런 우리의 마음을 잘 알고 계시기 때문에 처음 것을 기뻐 받으시는 것입니다.

새벽 기도는 하루의 처음 것을 하나님께 드리는 행위입니다. 당신의 첫 시간, 하루의 시작을 주님께 드리는 것입니다. 하루의 첫 시간을 하나님 앞에 나와 기도하며 무릎으로 꿇어앉는다면, 하나님께서는 우리의 그 마음을, 기도와 찬양을 얼마나 기뻐하시겠습니까? 하나님은 새벽 기도를 기뻐하십니다. 하나님은 첫 열매와 첫 소생과 첫 아들을 기뻐하시듯이 그 날의 첫 시간을 제사로 바치는 것을 기쁘게 받으십니다. '새벽 기도 없는 하루는 사단의 승리의 날'입니다. 그러므로 하루를 새벽 기도로 시작할 때 우리는 영적인 은혜로 가득 찬 건강한 하루를 보낼 수 있습니다.

실제로 하루라는 단위는 매우 중요합니다. 해외에 나가서 입국 신고서를 쓰면 우리와 다른 것이 하나 있습니다. 들어가는 날짜를 적을 때 외국은 월月보다 날日을 먼저 적습니다. 날이 제일 중요합니다. 반면에 우리는 년을 먼저하고 달을 하고 그 다음에야 날을 적습니다. 그러나 가장 귀한 것은 년이 아니라 날입니다. 그래서 날을 태양日이라 합니다. 태양이 하루 한 날을 비추는 것이야말로 가장 귀합니다. 그리고 새벽 기도를 하는 사람의 하루는 그 삶이 태양같이 빛나는 삶이 됩니다. 새벽에 기도하는 것은 하루하루를 승리하는 것입니다. 내일을 걱정할 필요가 없습니다. 새벽 시간에 기도하면 그런 은혜를 내려 주십니다. 온 성도들이 새벽부터 모여서 나라와 민족을 위해 합심하여 기도할 때 더 큰 기적이 일어났습니다. 니느웨에 그런 일이 일어나지 않았습니까? 그리고 에스더와 유대인들이 합심하여 기도했을 때 놀라운 일이 일어나지 않았습니까?

물론 새벽 기도는 너무나 어렵습니다. 새벽은 모두가 잠든 아주 고요한 시간이며 잠에서 깨어나는 것부터가 매우 어려운 일입니다. 그 시간의 벽을 깨고 주님 앞에 나온다는 것은 엄청난 노력이 필요합니다. 더구나 현대인의 삶은 일 자체가 매우 빠르고 고단해서 크리스천이라 할지라도 새벽에 일어나 교회로 나가 기도한다는 것은 결코 쉬운 일이 아닙니다. 하지만 그것은 마음가짐의 차이입니다. 내가 새벽에 주 앞에 나오려는 마음을 얼마나 굳건히 품느냐에 달려 있다고 할 수 있습니다.

세상 사람들을 보십시오. 잠을 설치며 새벽 4시에 일어나 골프를 치러 가기도 합니다. 골프 치러 가는 데 보통 7, 8시간이 걸립니다. 옷 갈아입고 준비하고, 장비도 챙기고, 식사하다 보면 시간이 훌쩍 지나갑니다. 아무튼 그렇게 준비해서 이른 새벽부터 나가면 점심때나 돼서 돌아옵니다. 이것은 대단한 정성없이는 불가능한 일입니다. 생각해 보십시오. 우리에게 새벽 기도가 골프만도 못합니까? 즐거움과 건강을 챙기겠다고 그리 아침부터 난리법석들을 떠는데, 새벽에 하나님 앞에 기도하러 가는 것이 그것만도 못합니까? 아닙니다. 기도가 건강보다도, 순간의 즐거움보다도 훨씬 더 중요하고 가치 있는 일입니다.

제가 몇몇 교인들에게 새벽 집회에 열심히 나오는 이유를 물어본 적이 있습니다. 그들은 이렇게 대답했습니다. "새벽 첫 시간에 아버지 전에 나가서 먼저 하나님께 기도하는 게 성도 된 도리가 아니겠어요? 육신의 아버지에게도 아침 일찍 일어나 제일 먼저 인사하는 것이 도리이듯이 말이에요.", "제가 원래 게으른 사람이지만 새벽에 목사님의 말씀에 은혜 받고 기도하니 온종일 성령의 충만함 가운데 사는 것 같아요. 그리고 제가 보기에도 이렇게 많은 사람들이 주의 전에 모여 기도하는 게 보기 좋은데 하물며 우리 아버지는 얼마나 더 보기 좋으실까요?"

이들의 신앙고백을 들으면 참 감사합니다. 제가 하고 싶은 말을 대신하기 때문입니다. 다시 말씀드리지만 새벽은 하루가 시작되는 첫 시간이기 때문에 귀합니다. 새벽 기도는 하루의 첫 시간을 하나님 앞에 드리는 것이므로 하나님께서 그 시간을 통해 특별히 큰 은혜를 주시고 하루를 승리하게 하십니다. 새벽은 하루

24시간 가운데 제일 귀한 황금 시간입니다. 우리는 이 귀한 시간을 놓치지 않도록 늘 깨어 있어야 합니다.

육의 생각을 버리는 시간

새벽에 기도해야 하는 또 다른 이유가 있습니다. 그것은 새벽이 육의 생각을 버리기에 좋은 시간이기 때문입니다. 우리가 정말 중요하게 생각해야 할 것은 영적인 영역입니다. 그러나 영적인 것은 다 무시하고 오히려 육적인 문제에 매여 있는 경우가 많습니다. 왜냐하면 일상의 시간 동안 바쁜 일에 쫓겨 살기 때문입니다. 자녀가 태어날 때부터 시작해서 평생 자녀 걱정만 하다가 죽는 부모가 얼마나 많은지 모릅니다.

우리는 육적인 염려는 하지 말아야 합니다. 예수님도 "무엇을 먹을까 무엇을 마실까 몸을 위하여 무엇을 입을까 염려하지 말라."라고 말씀하셨습니다 마 6:25. 땅에 있는 것은 크게 보면 다 의식주 안에 포함됩니다. 세상 염려를 하는 사람은 육에 속한 자입니다. 하나님은 그런 사람을 쓰지 않으십니다. 예수님은 제자들도 다 버리고 주님을 좇았습니다. 고향과 부모와 친지를 다 버리고 나중에는 자기 생명까지도 버렸습니다. 누가복음 14장 26절에 예수님께서 "자기 목숨까지 미워하지 아니하는 자는 나의 제자가 되지 못한다."라고 말씀하셨습니다. 신앙은 주님께 생명을 바치는 것입니다.

새벽은 육의 생각을 버리는 시간입니다. 기도할 때도 육의 것을 구하지 말고 먼저 그의 나라와 그의 의를 구하십시오. 그리고 영적으로 순종하지 않고 육의 길로 가면 완전히 망한다는 것을 기억하십시오. 하나님 앞에 날마다 육의 생각은 버리고, 영의 생각을 품고 살아야 합니다. 사람의 일을 생각하고 사람이 가는 길로 가는 것이 당연한 것 같지만 사람의 길로 가면 안 됩니다. 언제나 우리는 성령이 인도하시는 데로 가야 합니다.

아담과 하와가 범죄한 다음에 무화과나무 잎으로 부끄러움을 가렸지만 해가 나니까 말라서 소용이 없게 되었습니다. 우리는 문제를 무화과나무 잎으로 가리려고 해서는 안 됩니다. 육적인 것을 버리고 오직 믿음으로 하나님을 의지하고 나가야 합니다. 밤이 지나고 낮이 시작되는 그 중간 시간, 새벽 시간이 가장 적절한 때입니다.

새벽 시간의 신비

새벽은 참으로 놀라운 시간입니다. 그 이유를 정리해 보니 일곱 가지가 됩니다.

첫째, 새벽은 영적으로 신비한 시간입니다. 기도하는 것, 그것도 남들이 다 자는 새벽에 일어나서 기도하는 것은 신비 그 자체입니다. 신령한 것을 찾고, 신령한 것을 믿는 것입니다.

오늘날의 이 시대는 신비함을 너무 무시합니다. 그래서 교회가 꼭 합리적이고 이성적인 모습만 보이려고 합니다. 그렇지만 저는 다르게 생각합니다. 교회에는 사실 신비함이 더 많습니다. 예수 님을 믿고 물과 성령으로 거듭나고, 은혜 받고, 구원받고, 죄 사 함 받고, 주의 영이 함께하시고, 주님이 동행하시고, 부활하시고, 천국이 있고, 내세가 있고, 천사가 나와 동행하는 이런 신비함을 우리가 먼저 인정하고 복음을 전해야 하는 것입니다. 비과학적이 다, 비논리적이다 하면서 너무 지성적인 목회를 하려고 하면, 지 성인들조차 모이기는커녕 오히려 피합니다. 요즘 교회가 착각을 많이 합니다. 많이 배우고 똑똑한 현대인들을 붙잡기 위해서는 신비함을 강조하지 않아야 되겠다고 말입니다. 그러나 그것은 정 말로 착각일 뿐입니다.

사람들은 목사 앞에 올 때 '목사님이 기도해 주면 다 된다.'고 생각하고 옵니다. 그런데 목사는 저기 보이는 큰 병원으로나 가 라면서 자꾸 자리를 피합니다. 의사가 목사님의 기도만이 병을 낫게 할 수 있다고 믿고 찾아오는데, 목사는 그 사람이 그 큰 병 원 의사인지도 모르고 자꾸만 병원으로 가라고 하는 것입니다.

세상 사람들은 우리와 같이 믿는 사람들을 보면서 "당신들이 기도하면 뭔가 다를 거야."라고 하는데, 성도들은 그들에게 기도로 대답해 주지 못합니다. 기도의 능력, 기도가 주는 신비를 믿지 않으면 성도라 할지라도 아무것도 안 되는 것입니다.

둘째, 새벽은 능력의 시간입니다. 인류 역사상 새벽에 일어나는 민족 치고 못 사는 나라가 없다고 합니다. 나라도 잘되고 개인도 잘된다는 것입니다. 기독교는 새벽의 종교입니다. 놀라운 일들이 다 새벽에 일어났습니다. 새벽에 홍해가 갈라졌고, 예수님의 부활도 새벽에 일어났습니다. 하나님의 역사는 새벽에 일어납니다. 그러니 새벽에 하나님 앞에 나와 기도하고, 하루를 출발하는 것이야말로 행복의 길이요, 축복의 길입니다. '새벽 기도의 길'은 하나님의 축복을 다 누리는 길입니다. 기도하는 성도는 마귀가 결코 해칠 수 없습니다. 기도하는 사람에게는 마귀가 침투할 길이 없습니다. 우리가 어떤 어려움을 당할지라도 하나님 앞에 기도할 때 그분은 들어주십니다. 새벽에 기도하는 성도, 평생 기도하는 성도에게는 원수 마귀가 한 길로 왔다가 일곱 길로 도망가는 역사가 일어납니다. 아무리 마귀가 틈을 찾을지라도 하나님이 보호하십니다. 그래서 우리는 더욱 기도해야 합니다. 기도하면 심령이 부흥합니다. 영적으로 담대해지고 강건해집니다. 감사함이 넘치고 꿈이 넘치게 됩니다. 그리고 복을 받습니다.

셋째, 새벽 기도를 통해 체험적인 신앙을 소유할 수 있습니다.

낮에 주일 설교를 통해 받은 은혜가 밋밋합니까? 보다 실제적인 경험이 필요합니까? 그럼 새벽에 기도하십시오. 기도하면 반드시 체험하게 되어 있습니다. 성경에 나오는 모든 말씀이 내 것이 되는 것입니다. 찬송도 나의 찬송이 되고, 야곱이 고백한 대로 하나님도 '나의 하나님'이 될 것입니다. 말씀이 나의 말씀, 찬송이 나의 찬송, 교회가 나의 교회, 주님도 나의 주님이 돼야 합니다. 이 모든 것은 기도를 통해서 이뤄집니다. 그래서 새벽 기도를 다니면 신앙 고백이 확실하고 주관 있는 사람이 됩니다. 새벽에 기도하는 사람들에게 물어보면 본인의 신앙에 대해 자신 있게 말합니다. 당당해지는 것입니다.

넷째, 새벽 기도는 성결한 삶의 시작입니다. 성결한 삶은 그리스도인들이 이뤄 가야 할 삶으로, 그 출발은 새벽 기도입니다. 왜냐하면 새벽에 하나님과의 대화를 통해 그날 하루를 승리할 수 있는 원동력을 얻으며, 성령의 내주하심을 체험하게 되고, 성령의 동행을 만끽할 수 있기 때문입니다. 그리고 이 새벽 기도는 한국 교회의 부흥과 깊은 연관을 가지고 있으며, 선교 1세기만에 전 세계에서 유례 없는 교회성장을 이룩한 근본적인 원인의 하나로 평가받고 있습니다. 이런 관계 속에서 새벽 기도는 하나님과의 만남을 위해 하루를 드리는 경건의 시간입니다.

다섯째, 새벽은 아이디어와 지혜가 샘솟는 시간입니다. 당신이 새벽에 나와 기도할 때 무한대의 일들이 기도에서 개발됩니다. 놀라운 아이디어들이 기도에서 나옵니다. 많은 사람들이 제게 그렇게 많은 성도들을 어떻게 관리하느냐고 묻습니다만, 그건 문제가 아닙니다. 제 동역자들은 종종 제 머릿속에 무엇이 들어 있는지 궁금해합니다. 그러나 사실은 아이디어들이 제 머리에서 나오는 것이 아니고 다른 머리에서 나오는 것인데, 그건 바로 하나님 아버지의 머리입니다. 기도하면 하나님 아버지의 아이디어가 제 머리로 들어옵니다. 그래서 기도하면 아이디어와 지혜가 샘솟는 것입니다.

밤에 잠을 자려고 할 때 여러 가지 고민들이 떠오릅니다. 자려고 누운 상태에서는 아무것도 할 수 없으면서 고민은 고민대로 하고 잠은 제대로 자지 못하는 것입니다. 그래서 주님께서 오죽 그 모습이 안타까우셨으면 "내일 일은 내일 염려하라. 한 날 괴로움은 그날로 족하니라."라고 말씀하셨겠습니까? 이렇게 당장 해결되지 않을 뒤엉킨 여러 문제들이 새벽에는 다르게 보입니다. 중요한 문제와 중요하지 않은 문제가 확 구별됩니다. 문제가 입체적으로 보입니다. 백지와 같은 상태에서 문제의 핵심이 보입니다. 그리고 해결책이 떠오르게 됩니다. 낮에는 세상의 모든 문제가 동시에 떠올라 감당치 못해 문제의 핵심이 가려지게 됩니다. 그러나 새벽은 전혀 다른 것입니다. 새벽에는 군더더기가 없습니다. 저도 새벽 기도 설교를 할 땐 군더더기를 싹 뺍니다. 예화도 없습니다. 성경 말씀만 그대로 전합니다. 그리고 기도 제목을 놓고 그 근원을 파고들며 기도합니다. 그러니 해결될 수밖에 없습니다.

여섯째, 새벽은 치유하는 시간입니다. 오늘 하루를 살 수 있는 새 힘을 얻는 시간입니다. 아침밥을 거르지 않고 먹어야 오전 내내 든든하게 일할 수 있는 것처럼 말입니다. 그래서 많은 사람들이 어려움이 생기면 새벽 기도에 나갑니다. 그래서 답을 얻고 해결을 얻습니다. 그러나 보다 더 중요한 것은 어려울 때만이 아닌 평소에 새벽 제단을 쌓는 것입니다. 그러면 어려운 일이 더 이상 어렵게 느껴지지 않습니다. 한마디로 영적 내공이 쌓이는 것입니다. 그래서 인생의 어려움이 생긴다 해도 거뜬히 이겨낼 수 있게 됩니다.

일곱째, 새벽 시간은 하루를 출발하면서 신선한 생명을 공급받는 시간입니다. 내 마음을 깨끗게 해서 심령에 은혜의 단비를 받아야 합니다. 깨끗한 심령과 회개하는 마음을 주께서 원하십니다. 그러므로 죄악의 잘못된 줄을 끊고, 인간의 욕심과 욕망을 버리고 새벽 집회를 준비해야 합니다. 어렵다고요? 아닙니다. 믿음이 있으면 할 수 있습니다. 내 믿음대로 되는 것입니다. 산을 움직이는 큰 믿음을 갖고 시작하면 되는 것입니다. 새벽 기도를 통해 당신 앞에 있는 어려움이 새벽에 도우시는 하나님의 은혜로 해결될 것입니다.

　이제까지 살펴본 대로, 우리는 새벽 기도 시간을 소중하게 여겨야 합니다. 새벽은 하나님께서 우리를 도우시는 시간입니다. 새벽에 나와 기도할 때 어려움을 당한 하나님의 자녀를 건져 주시고 도와주십니다. 그래서 새벽에 기도하는 것이 가장 귀하다고 말하는 것입니다.

　저 역시도 연약한 인간이기에 육신이 피곤할 때가 있습니다. 새벽부터 1부, 2부 예배를 드리고 아침도 안 먹고, 그 다음 낮 예배 1, 2부를 드리면 거의 탈진 상태에 이릅니다. 하지만 저는 분명히 알고 있습니다. 새벽 기도는 곧 은혜를 받는 길이고, 다른 사람들을 은혜 받게 하는 길이라는 것을 말입니다.

chapter 3

새벽에 너를 도우리니

삶이 어렵고 힘든가? 새벽에 주님 앞으로 나오라.
주께서는 "새벽에 내가 너를 도우리니."라고 말씀하셨다.

새벽 기도, 하나님이 도우시는 통로

　하나님께서는 우리에게 어떤 일시적인 위기를 주시고, 그것을 통해 우리를 도와주십니다. 작은 위기와는 비교도 안 될 큰 은혜를 주시기 원하십니다.

　어떤 교인이 공사장에서 일을 하다가 벽돌이 떨어져서 손을 다치게 됐습니다. 그래서 다친 손을 치료하러 병원에 갔는데, 의사가 보니 손 다친 것이 문제가 아니고 그 사람에게서 피부암이 발견되었다는 것입니다. 우리도 마찬가지입니다. 우리가 하나님 앞에 나갈 때 눈에 보이는 작은 아픔을 가지고 나가기 십상입니다. 하지만 하나님은 기도의 자리를 통해서 우리도 미처 몰랐던 더 큰 아픔을 드러내십니다. 그리고 그것을 치료해주십니다. 손을 다친 것이 문제가 아니었습니다. 자기도 미처 알지 못한 채 자신을 파멸시켜가고 있는 암과 같은 문제가 누구에게나 다 있습니다. 기도하지 않고, 새벽에 주님과 만나지 않으면 이 문제를 결코 알 수가 없습니다. 그래서 새벽 기도를 통해 자신의 문제를 알고 치료하는 것은 참으로 놀라운 경험입니다. 또한 모든 고통으로부터 벗어나 은혜의 자리로 나가는 통로, 바로 그 통로의 역할을 하는 것이 새벽 기도입니다.

새벽 기도, 축복의 통로

성경 속 인물 가운데 가장 축복받은 사람은 다윗입니다. 하나님 과 사람 앞에 매우 존귀하고 복된, 최고의 은혜를 받았습니다. 물론 다윗의 삶에도 환난이 많았지만 그는 일생을 행복하게 살았습니다. 돈이 많아서가 아닙니다. 왕의 자리가 다윗을 기쁘게 해준 것도 아닙니다. 이스라엘 나라의 역대 왕 중에 다윗만큼 기뻐한 사람은 한 명도 없었습니다. 다윗이 왜 그렇게 기뻐했습니까? 그 기쁨이 어디에서 왔습니까? 다윗은 기쁨을 이기지 못해 즐거워합니다. 우리나라의 경우를 보면 권력을 가진 사람 중에 기뻐하는 자가 별로 없습니다. 역대 대통령들은 다 괴로워했습니다. 이렇듯 권력을 가졌다는 것은 얼마나 힘든 일인지 모릅니다.

그러나 다윗은 40년을 다스리면서도 기쁨을 누렸습니다. 이 기쁨은 어디에서 왔습니까? 돈에서 온 것이 아닙니다. 부귀영화에서 온 것도 아닙니다. 자식이나 부하에게서 온 것도 아닙니다. 다윗은 자식 때문에 괴로운 일이 매우 많았고 신하들 때문에도 얼마나 많은 어려움을 당했는지 모릅니다. 다윗의 기쁨은 하나님께로부터 왔습니다. 위로부터 온 것입니다. 여호와가 나의 목자요, 길이요, 생명의 빛이요, 힘과 능력이 되신다고 고백하고 있습니다. 하나님이 손 방패가 되셨기 때문에 그는 하나님 한 분으로 기뻐했던 것입니다. 그리고 다윗은 마지막 임종을 앞두고 하나님 앞에 물질을 드리면서 이렇게 말했습니다. "내가 무엇이관대 이렇게 사랑하시고 복을 주시나이까."라고 고백하며 축복하시는 하나님을 즐거워했습니다. 인간의 길과 능력은 하나님과의 만남에 있습니다. 하나님과 어떤 만남을 갖느냐가 중요한 것입니다.

시편을 보면 새벽이라는 말이 눈에 띌 정도로 여러 번 반복됩니다. 축복의 통로가 되었던 새벽에 다윗은 하나님과의 특별한 만남을 가졌던 사람입니다. 그만큼 다윗은 새벽을 잘 활용하여 축복받은 사람이었습니다.

저는 단순히 새벽 기도하면 무조건 복 받는다고 말씀드리려는 것이 아닙니다. 기도하면 사막도 꽃동산이 됩니다. 당신에게 어러움이 올 때 그 어려움을 믿음으로 해석하면 좋은 방향으로 바뀝니다. 사람은 꿈대로 되는 것이 아닙니다. 해몽대로 되는 것입니다. 그래서 성도는 모든 것을 좋게 해석해야 합니다.

복의 실체는 기도를 통해 하나님께 무엇을 받는 것만이 아닙니다. 기도함으로써 하나님과 좋은 결합을 하는 것입니다. 올바른 관계를 세우는 것입니다. 그래서 그러한 관계 속에서 스스로 생각하고 깨달아 바르게 쓰임 받아야 하는 것이 진짜 복입니다. 이것이야말로 가장 귀중한 것입니다.

하나님은 우리의 창조자시며, 우리를 사랑하시고, 도우시고, 우리와 늘 함께하십니다. 하나님의 은혜없이 할 수 있는 것은 아무것도 없습니다. 모든 것이 빛의 아버지로부터 옵니다. 우리는 이러한 하나님의 은혜에 감사하고, 복 주시는 하나님을 즐거워해야 합니다.

그럴 때 하나님과 우리의 관계가 좋은 결합이 되는 것입니다. 우리가 하나님의 뜻에 기쁘게 순종하고, 하나님을 즐겁게 믿고, 하나님을 기쁘시게 하는 주의 자녀가 될 때 말입니다. 그럴 때 새벽 기도는 참다운 축복의 통로가 됩니다. 하나님과의 관계를 회복할 수 있고 잘못된 관계를 바로잡을 수 있는 가장 좋은 통로입니다.

어두운 밤일지라도 새벽의 소망을 보라

새벽에 우리는 주님께 나와서 우리 마음에 소망을 심어갑니다. 어젯밤까지만 해도 나의 삶이 앞뒤가 막혀 어렵고 답답하고 힘들다고 느꼈었는데 새벽에는 나와 함께하시는 주님을 깨닫게 됩니다. 나를 축복하시고 그 길을 인도하시는 하나님을 바라보며 기쁨과 소망을 가지게 되는 것입니다.

내가 올바른 신앙인인지, 나에게 진정한 믿음이 있는지는 오늘도 얼마나 미래를 꿈꾸며 살아가고 있는지를 자문해 보면 자연스레 알게 됩니다. 질병이 있다 해도 치료해 주실 주님을 바라보면서 소망을 품고 있는지, 지금 가난해도 부유하신 주님과 함께 복되게 살아갈 것을 믿음으로 바라보고 있는지 생각해 보시기 바랍니다.

어느 교인 한 사람이 예배를 마치고 나가다 말고 교회 계단에 앉아 있는 것을 보았습니다. "왜 안 가세요?" 하고 물으니 "하나님께서 우리 교회 주차장을 이렇게 넓게 만들어 주신 것에 대해 감사드리고 있는 중입니다."라고 하는 것입니다. 그는 벌써 감사가 그만큼 넓은 것입니다. 교회에 감사하면 감사가 교회만큼 넓어집니다. 나라 전체를 위해 기도하면 그만큼 자기 그릇이 커지는 것입니다.

존 웨슬리 J. Wesley 1703~1791 는 '세계는 나의 교구'라는 말을 한 것으로 유명합니다. 그는 초창기에는 형식에 얽매여 있는 사람이라는 비난을 받기도 했습니다. 그래서 'Methodist' 형식에 얽매인 라는 별명이 그를 뒤따라 다녔습니다. 하지만 그는 새벽 기도를 철칙같이 지켰습니다. 새벽에 일어나 하나님과 교제하는 것으로 하루를 시작하였고 그만큼 그의 영향력은 커졌습니다. 결국 그를 따라 다니던 'Methodist'라는 말은 그가 창시한 감리교단의 이름이 되고 말았습니다. 웨슬리는 더 나아가 세계를 자신의 전도 무대로 바라보는 위대한 전도자가 되었습니다. 내 몸의 감사만 찾으면 감사할 일이 별로 없습니다. 모든 이웃을 위한 기도로 폭을 넓히면 모든 것이 소망과 기쁨으로 바뀌는 것입니다.

이 세상을 살아갈 때 어려움의 종류가 얼마나 많습니까? 오늘날에는 별것 아닌 어려움, 별것 아닌 말 한마디가 사람을 죽입니다. 또한 얼마나 많은 사람들이 인내할 줄 모르고 소망을 갖지 못하고 기대하지 못하고 살아갑니까? 내일이면 바뀝니다. 무대를 조정하시는 우리 하나님이 우리를 아브라함으로 만드실지, 베드로로 만드실지, 다윗 왕으로 만드실지 누가 알겠습니까? 어려운 일을 당했다고 절대 낙심하는 일이 없이, 멀리 바라보면서 어두운 밤, 캄캄한 밤에 새벽을 찾아 나가는 성도가 되시기를 바랍니다. 밤에 밤을 바라보면 안 됩니다. 밤일지라도 새벽을 기다려야 합니다. 환난이 있을지라도 소망을 가져야 하는 것입니다.

chapter 4

새벽에 교회로, 교회로 오라

굳이 교회에서만 기도해야 하나? 집에서 새벽 기도를 하면 안 될까?
그러나 하나님 아버지께서는 주의 전에서 당신을 기다리신다.

내가 오기를 기다리시는 주님

많은 사람들이 굳이 꼭 교회로 나와서 새벽 기도를 해야만 하
느냐고 질문합니다. 그냥 집에서 기도하면 되지 않느냐는 것입니
다. 솔직히 말해서 이른 새벽에 교회에 나오려면 시험이 있습니
다. 힘들고 어렵습니다. 더군다나 힘들게 나왔다 하더라도 우리
들이 생각하기에는 새벽 기도가 잘될 때도 있고, 잘 안될 때도 있
을 것입니다. 와서 졸기만 하다 갈 때는 온 것이 후회되고 스스로
에게 불만이 생길 수도 있습니다. 그렇지만 하나님은 그런 것은
상관하지 않으십니다. 하나님께서는 그저 우리를 보고 싶어하십
니다.

전직 대통령으로부터 이런 얘기를 들은 적이 있습니다. 설 명절이 다 지나갈 즈음, 대통령의 조카가 세배를 하러 왔습니다. "왜 이제야 왔니?" 하고 물으니까 "높고 귀한 손님들이 많아 너무 복잡하기도 하고 바쁘실 것 같아 천천히 왔어요." 그러자 대통령이 대답했습니다. "우리 조카가 얼마나 귀한데. 내가 너를 얼마나 기다렸는데. 다른 사람이 오는 것과 너랑 무슨 상관이 있니? 내가 너를 얼마나 보고 싶어했는데." 대통령은 조카를 기다리고 있었던 것입니다. 이제나저제나 올까 하고 말입니다.

자녀의 생각과 달리 부모는 잠깐이라도 다녀가는 것을 얼마나 기다리는지 모릅니다. 자녀와 부모의 입장이 다릅니다. 자식에게는 부모를 잠깐 찾아뵙는 일이 별것 아닐지 모릅니다. 부모님께 "잘 있었느냐?"라는 소리 정도나 들을지 모르지만, 한번 본다는 것 자체가 부모에게는 얼마나 귀한 일인지 모릅니다. 자녀의 입장에서는 잘 이해하지 못할 것입니다.

우리는 가끔 걱정을 하기도 합니다. '새벽에 힘들게 교회에 와서 졸다가만 가는데 교회에 오는 게 무슨 의미가 있느냐.' 그리고 '그런 모습을 하나님께서 기뻐하시겠느냐.' 라고 생각하고는 아예 새벽 기도를 포기해 버립니다. 그러나 그것은 우리의 생각일 뿐입니다. 하나님 아버지 마음은 이렇습니다. 예배당에 와서 설사 잠만 자고 가더라도 오라는 것입니다. 늦더라도 왔다 가라는 것입니다. 교회는 다녀가는 곳입니다. 아버지 집인데 은혜 받고 안 받고의 여부가 중요한 것이 아니라는 얘기입니다. "은혜 받아야 얼마나 받겠느냐, 그것은 목사가 전달하는 말씀에 은혜가 안 됐다는 얘기지 나와 너의 관계는 이미 회복된 것이다."라고 말씀하십니다. 그래서 새벽에 교회에 나오는 것은 참으로 귀합니다.

교회에 오면 하나님을 만난다

새벽 기도는 교회에 나와 기도한다는 점에서 매우 특별한 의미가 있습니다. 집에서 그냥 기도하는 것과는 차원이 다릅니다. 시편 84편을 보면 "주의 전에서의 한 날이 세상의 천 날보다 낫다."라고 했습니다. 이는 교회라는 장소가 어떤 곳인지 잘 표현해 주는 말씀입니다. 하나님께서 교회를 세우시는 목적은 그곳에서 우리와 만나길 원하시기 때문입니다. 따라서 교회는 만남의 장소 즉, '미팅 하우스'입니다. '성막'의 뜻이 그렇습니다. 하나님은 우리를 만나기 위해 성막을 지으신 것입니다.

구약 시대의 성막 안에는 지성소라 하여 대제사장이 일 년에 한 번 들어가서 피를 뿌리고 기도하는 곳이 있었습니다. 그곳은 하나님께서 우리들을 만나 주신다는 거룩한 약속의 장소였습니다. 지성소는 기도하는 자리입니다. 성소도 마찬가지로 기도하는 곳입니다. 성전에서 제사를 드릴 때 밖에서는 양을 잡지만 안에서는 기도합니다. 들어가서 기도하고 나오는 것입니다. 그래서 사가랴도 성소에서 기도하다가 천사의 음성을 듣지 않았습니까? 그러므로 기도는 그 어느 곳보다도 교회에서 해야 하나님께서 기뻐하십니다. 물론 교회 밖에서 기도해도 괜찮습니다. 안 하는 것보다는 어디서라도 하는 게 낫습니다. 하지만 가능하다면 하나님께서 정해 주신 장소를 찾아야지 다른 데서 헤매면 안 됩니다. 우리가 성소 안에서 24시간 기도의 향을 올릴 수 있다면 하나님께서 얼마나 기뻐하시겠습니까?

더구나 구약의 지성소에는 아무나 들어갈 수 없었습니다. 그곳에 들어가는 것은 대제사장만의 특별한 권한이었습니다. 하지만 예수 그리스도의 보혈로 말미암아 지금의 우리는 언제든지 원할 때 들어갈 수 있도록 허락받았습니다. 이 얼마나 감사한 일입니까? 우리는 기도하는 중에 하나님을 만날 수 있습니다. 그리고 무엇보다 하나님께서 우리를 만나기 위해 기다리고 계신 곳, 교회에서 기도해야 바로 들으시고 우리를 만나 주십니다. 그 어느 곳보다도 교회에서 기도해야 하나님께서 기뻐하시는 것입니다.

오늘날 저는 성도들의 모습을 세 가지로 나눕니다. 주일 낮 예배만 참석하는 신자들은 '성전 마당의 신자'들이고, 주일 낮과 주일 밤과 삼일 기도회까지 참석하는 신자들은 '성소의 신자'들이며, 새벽 기도회까지 참석하는 신자들은 바로 '지성소의 신자'

들입니다. 당신은 새벽에 기도하는 지성소의 신자가 되시기를 바랍니다.

함께 모여서 기도할 때 훨씬 강력하다

개인이 드리는 기도도 중요하지만 하나님께서는 특별히 연합으로 드리는 기도, 함께 모여서 드리는 기도, 합심해서 드리는 기도를 좋아하십니다. 성경에도 그 예들이 잘 나타납니다. 이스라엘 백성들은 합심 기도를 많이 했습니다. 사무엘 선지자 때부터 이스라엘이 위기를 만날 때마다 백성들이 모여서 합심 기도를 하면 놀라운 일이 일어났습니다. 에스더 4장 16절에 보면 에스더가 유대인들에게 수산궁으로 다 모여서 합심하여 3일을 금식하며 기도해 달라고 요청했습니다. 모두가 그렇게 기도하자 결국 민족이 구원받았습니다. 이방인들도 마찬가지입니다. 요나서 3장 7절에 보면 니느웨의 남녀노소가 모두 다 합심하여 회개하며 기도하는 모습이 나옵니다. 심지어 소 떼와 양 떼까지 금식을 했습니다. 이렇게 함께 모여 금식하고 기도한 결과 놀라운 일이 일어났습니다. 그들의 합심 기도가 니느웨를 살려내고 만 것입니다.

초대 교회에도 동일한 모습들이 나타납니다. 사도행전을 보면 합심 기도하는 장면이 많이 등장합니다. 모여서 기도할 때 교회가 탄생했습니다. 혼자 기도해서 이루어진 것이 아닙니다. '합심하여' 모여서 기도할 때에 성령 강림이 이루어졌습니다. 교회가 탄생되고 성령이 오시고 나서도 합심 기도가 끊임없이 지속되었습니다. 사도행전 2장 42절을 보면 교인들이 전부 모여 합심 기도를 했다고 나옵니다. 또 12장 5절에도 베드로가 옥에 갇혔을 때에 온 교회가 모여 기도에 전심전력하더라는 말씀이 나옵니다. 그래서 저는 전체가 모여서 하는 기도가 얼마나 중요한지를 강조하고 싶습니다. 뛰어난 사람 하나가 아무리 열심히 기도한들 교회가 바로 설 수 없습니다. 그래서 주님께서는 '한 두 사람이라도'라고 말씀하지 않고 '두 세 사람이라도'라고 말씀하셨습니다. 여러 사람이 하는 기도일수록 더 기뻐하신다는 사실을 뜻합니다.

종교 개혁자 칼빈은 '성도들이 찾는 보화가 전부 다 담긴 것'이 바로 기도라고 했습니다. 한마디로 말해서 기도하면 행복해진다는 것입니다. 기도 안에 모든 것이 다 있습니다. 기도하면 다 주십니다. 세상에 이보다 더 귀한 일이 어디 있습니까? 온 교회가 모여서 합심하여 기도하면 놀라운 일이 일어날 것입니다. 기도의 긴박성, 기도의 절박함, 기도의 종말론적인 사명을 가지고 함께 기도하십시오. 교인이 두 명이라도 좋습니다. 세 명이라도 좋습니다. 일단 시작해야 합니다.

기도가 기도를 낳는 법입니다. 새벽 기도가 새벽 기도를 낳습니다. 새벽 기도에는 사람들을 불러 모으는 매력이 있습니다. 기도는 역시 기도할 때 길러집니다. 기도를 잘하려면 기도해야 합니다. 기도하면 기도의 불이 붙습니다. 기도하는 사람에 의해서 또 다시 기도하는 사람이 만들어집니다. 기도 많이 하는 사람에 의해서 기도 많이 하는 교회가 만들어집니다. 기도하는 성도들이 많아지면, 그만큼 기도의 자리도 더욱 넓어지게 됩니다.

무디 목사님은 '기도는 하나님의 자녀가 가진 가장 무서운 무기'라고 했습니다. 가장 크고 무서운 무기가 기도입니다. 현재 세계 최고의 군사용 비행기는 스텔스기입니다. 스텔스기의 최대 장점은 딱 하나입니다. 다른 모든 비행기는 레이더에 다 잡힙니다. 그런데 스텔스기는 레이더에 잡히지 않습니다. 비행 물체가 떴을 때 레이더를 쏘면 짧은 시간 내에 그 위치를 알려 주는데, 스텔스기는 레이더를 되레 흡수합니다. 반사시키지 않기 때문이지요. 쏘기를 아무리 쏘아도 '아멘!' 하고 받고는 안 돌려주는 것입니다. 그래서 스텔스기가 세계 최고의 무기이고, 이보다 더 비싼 무기가 없습니다.

기도도 마찬가지입니다. 마귀는 기도하는 사람의 정체를 알 수 없습니다. 마귀는 끊임없이 공격해 오는데 기도하는 사람은 그 공격을 흡수해 버리기 때문입니다. "아멘! 아멘!" 하면서 손들고 기도하면 레이더를 아무리 쏘아 봐야 소용이 없습니다. 마귀가 별의별 계획을 세워 보고 미사일로 날려 버린다 해도 소용없는 것입니다. 그러니 기도를 자꾸 혼자서 해봐야 아무런 소용이 없습니다. 혼자서 기도원 드나들어 봐야 큰 힘이 안 됩니다. 군사가 많아야 강한 군대지 장수만 몇 명 있다고 강한 군대가 되지 않습니다. 기도는 모여서 할 때 훨씬 강력합니다. 그러므로 혼자서 기도하지 말고 새벽에 나가 사람들 틈에 끼어 앉아 함께 기도하십시오. 당신에게 새로운 역사가 일어날 것입니다.

: chapter 5 :

새벽에 부르짖어야 할 절박함

내 문제를 새벽에 기도하지 않으면 안 된다.
이렇게 일찍 일어날 정도로 중요하다.
내 앞날은 새벽 외에는 길이 없다!

지금까지 살펴본 것처럼, 새벽 기도는 참으로 중요합니다. 물론 독자들 중에는 아직도 반신반의하는 분들이 있을 것입니다. '정말 그렇게까지 해야 하나?', '피곤하고 잠도 부족한데…….', '거리도 먼데…….', '직장에 출근도 해야 하는데…….' 저는 이러한 분들의 심정을 잘 이해합니다. 그러나 당장 눈에는 보이지 않지만 또 다른 절박한 이유가 있습니다.

가령 새벽 기도는 철야 기도와는 다릅니다. 철야 기도는 닥쳐온 문제를 해결하기 위해 매달리는 기도입니다. 먹고살기 힘들 때, 당장 어려움이 있을 때 하는 기도입니다. 그러나 새벽 기도는 문제에 앞서 예방하는 기도입니다. 새벽에 나와 기도하는 우리에게 언제 다가올지 모르는 인생의 위기를 예방하고, 더 나아가 민족의 장래를 위해 간구해야 할 과제가 놓여 있는 것입니다.

새벽 기도로 인생의 위기를 막아라

사실 새벽에 일어나는 일은 쉽지 않습니다. 교회 나온다는 것은 더욱 그렇습니다. 일상에서 할 일이 많은 현대인들이 새벽부터 신앙생활에 집중한다고 하는 것은 정말 어려운 일입니다. 그러나 신앙인은 새벽에 대한 비중을 두지 않으면 안 됩니다. 저는 이렇게 생각합니다. 갖은 이유를 대면서 새벽 기도에 나오지 않는 사람은 아직 발등에 불이 떨어지지 않아서 그렇다는 것입니다. 누구에게나 인생에 한 번쯤은 개인적인 위기가 찾아옵니다. 문제는 그것이 언제 오느냐의 차이입니다. 어떤 분은 20대에 오기도 하고 간혹 가다 10대에 오기도 하지만, 대체로 30대까지는 거의 안 옵니다. 가지고 있는 에너지가 너무 많아서 그렇습니다. 그러다가 40대부터는 최소한 20%, 50대는 30-40%로 위기가 크게 밀어닥칩니다.

우리가 늘 경험하는 바 아닙니까? 인간은 심히 나약한 존재입니다. 저는 권력을 가진 분들, 대통령 하신 분들도 많이 만나 보고 이 세상에 제일 힘 있는 분들, 능력 있는 분들, 심지어 미국의 대통령까지 만나 보았지만 문제가 없는 사람이 없습니다. 50대,

60대에 통곡 안 하는 분이 없습니다. 그때 가서 기도를 시작한다는 것이 얼마나 늦는가를 뼈저리게 느꼈습니다. 미리 예방하지 않으면 당신의 인생은 종국에 가서 허망해질 수밖에 없습니다. 미리 미리 준비해야 하는 것입니다. 이것이 우리가 새벽 일찍 하나님 앞에 나갈 수밖에 없는 이유입니다. 새벽에 주님께 나가서 자신이 이런 연약한 존재임을 빨리 깨닫는 게 좋습니다. 예방하라는 것입니다. 저는 새벽 기도를 그렇게 했습니다.

"난 내 문제를 새벽에 기도하지 않으면 안 된다.
이렇게 일찍 일어날 정도로 중요하다. 일찍 일어날 정도로
내 문제는 심각하다. 내 앞날은 새벽 외에는 길이 없다!"

아무도 없을 때 많이 울고 매달리고 하나님 앞에 부르짖어야 합니다. 남는 시간에 하나님 앞에 찾아가서는 안 됩니다. 내 생활의 맨 첫 시간에 하나님 앞에 매달려야만 문제를 해결할 수 있는 것입니다. 일찍이 자기 문제를 인식하고 앞으로 닥칠 문제를 대비해 준비하십시오. 가령, 스포츠만 해도 정규 시즌이 있기 전에 미리 혹독한 동계 훈련을 받지 않습니까? 겨울에 고생하면 여름 시즌에 전혀 지치지 않는 것입니다. 당신에게도 시즌이 다가옵니다. 미리 준비하지 않으면 시즌 때 당신의 체력은 금방 바닥나고 맙니다. 방법은 하나입니다. 일찍부터 기도하십시오. 인생의 위기는 반드시 다가옵니다. 그때 대응하면 늦습니다. 당신의 인생

을 지금부터라도 준비해야 하지 않겠습니까?

새벽 기도로 민족을 출애굽시켜라

그동안 우리 민족은 많은 어려움을 겪었습니다. 지금도 어려움에 직면해 있고, 앞으로도 민족의 미래가 불안하고 걱정되기는 마찬가지입니다. 왜 이런 시련이 우리 민족에게 닥치는 것일까요? 인류의 역사를 보면 공통점이 있습니다. 하나님께서는 당신이 친히 사용하기를 원하시는 민족과 개인에게 끊임없이 기도 제목을 주시고, 무릎을 꿇게 하셨습니다. 우리 민족이 경험했던 많은 시련은 한국 교회를 더 건강하게 하시고 근신시키려고 하시는 하나님의 섭리가 있다고 볼 수 있습니다.

새벽 기도는 마치 이스라엘 백성이 애굽에서 나와서 광야를 통과하여 가나안으로 들어가는 출애굽의 여정과도 같습니다. 우리 민족의 여정이며, 한국 교회의 여정입니다. 오늘날 한국 교회는 출애굽의 코스를 따라가고 있습니다. 여기서 무엇보다 중요한 것은 애굽을 완전히 떠나는 일입니다. 스스로 애굽과 차단시키는 일입니다. 애굽의 문화, 애굽의 삶, 애굽의 목표, 애굽의 우상을 완전히 버리는 일입니다. 애굽이 눈에 보입니다. 피라미드입니다. 그러나 애굽을 떠나서는 눈에 아무것도 보이지 않습니다. 보이지 않는 하나님을 믿고 섬기고 영화롭게 여기며 따라가는 삶이 애굽을 떠난 삶입니다. 그래서 새벽 기도를 통해 애굽의 옛 옷을 벗기는 것입니다. 새벽 기도는 애굽을 떠나자는 운동입니다. 애굽적인 생각, 애굽적인 사고방식, 애굽의 친구들, 애굽의 의식을 철저하게 다 벗어 버리는 운동입니다.

그러나 애굽을 떠나서도 이스라엘 백성들은 자꾸만 애굽을 그리워하고 애굽화되는 모습을 보였습니다. 애굽을 떠난 사람에게도 여전히 애굽적인 것이 많이 남아 있습니다. 원망하고, 불평하고, 뒤에서 수군거리고, 지도자들을 욕하는 이러한 모습들이 애굽적인 것입니다. 다 버리십시오. 그래서 광야에서 새로운 삶의 훈련을 시작하십시오. 하나님을 잘 경외하면 흙 빚고 벽돌 나르지 않아도 살 수 있다는 사실을 경험하라는 것입니다. 하나님 잘 믿으면 먹고삽니다. 힘으로 먹고사는 것이 아닙니다. 하나님을 잘 섬겨서 먹고사는 것입니다. 이전 것은 지나갔으니 새것으로 바꾸는 것입니다. 의식의 전환을 하는 것입니다.

한국 교회에 얼마나 애굽적인 것이 많은지 모릅니다. 아직까지도 애굽 생활을 다 정리하지 못했습니다. 몸은 천국에 있는데 마음은 애굽적입니다. 하나님 말씀을 들어도 자기를 새롭게 하지 못하고 애굽을 붙잡고 있으려 합니다. 완전히 정리해야 하는데 그러지 못합니다. 그러니 새벽 기도를 통해 애굽을 떠나는 훈련을 해야 합니다. 이러한 훈련은 금방 완성되는 것이 아닙니다. 40년은 꾸준하게 끌고 가야 합니다. 몸이 애굽을 떠났다고 다 떠난 것이 아닙니다. 끊임없이 새벽 기도를 통해 과거와 단절하는 광야의 훈련을 해야 합니다. 애굽을 떠나야 합니다. 그리고 하나님이 기뻐하시는 백성으로, 말씀과 성령으로 충만한 건강한 사람으로 길러져야 합니다.

세계적인 도자기는 1600도 정도의 용광로에서 불로 달궈져야 나옵니다. 그 과정에서 조금이라도 흠이 생기면 깨뜨려 버립니다. 마찬가지로 오늘 하나님께서는 한국 교회를 두들겨 보시는 것입니다. 도자기는 두들겨 보면 압니다. 유럽과 남미의 교회를 보십시오. 그들은 영적으로 바로 서지 못했기 때문에 급격하게 무너지고 있습니다. 우리는 이러한 모든 도전을 물리쳐야 합니다. 공산주의만 물리쳐야 하는 것이 아닙니다. 사이비만 물리쳐야 하는 것이 아닙니다. 온갖 혼합주의, 우상 숭배, 세속주의, 물질주의, 쾌락주의, 현실주의를 물리쳐야 합니다.

이를 위해서는 교회에 방수가 잘 되어 있어야 합니다. 노아의 방주같이 석청을 잘 칠해야 합니다. 농작물 가운데 수박이 방수가 가장 잘 된다고들 말합니다. 대체로 보면 과일은 시간이 지나면 수분이 증발하는데, 수박은 아무리 더운 곳에 오래 두어도 수분이 잘 증발하지 않습니다. 방수가 잘 되기 때문입니다. 마찬가지로 한국 교회도 방수가 잘 돼야 합니다. 누수 현상이 일어나서는 안 됩니다. 그렇다면 무엇이 방수 역할을 합니까? 기도가 방수 역할을 합니다. 기도하지 않으면 교회가 넘어지고, 교회가 있어도 교회의 제 기능을 다하지 못합니다. 살았다 하나 죽은 교회나 다름없게 됩니다. 지금 한국에 교회 건축의 붐이 많이 일어나고 있는데 우리는 기도의 붐을 일으키고, 기도의 성전을 건축해야 합니다. 기도하지 않는 성전은 있으나마나 한 것입니다. 으리으리한 예배당 건물만 있으면 뭐합니까? 진짜 큰 건물은 유럽에 가면 많습니다. 100년 걸려 지은 교회들, 300년 걸려 지은 교회들이 얼마나 많습니까? 그런데 그 교회들이 기도하지 않아서 다 죽어 버리지 않았습니까?

국가의 경제 규모를 파악할 때 세 가지 요소를 본다고 합니다. 첫째, 공항입니다. 하루 종일 공항에서 비행기가 어느 정도 오르고 내리느냐를 보면 안다고 합니다. 둘째, 고속도로입니다. 길 위에 얼마만큼의 화물이 움직이느냐를 봅니다. 셋째, 항만에 가보면 압니다. 큰 배가 어느 정도로 컨테이너를 싣고 들어오느냐를 보는 것입니다.

마찬가지로 인간과 하나님 사이에 영적으로 얼마나 많이 거래가 오가느냐가 중요한 것입니다. 지금 당신은 하나님과의 거래 채널을 어디에 두고 있습니까? 기도의 채널입니까? 기도의 채널을 통해서 만 가지 이상의 거래가 오가야 합니다. 당신과 하나님 사이의 거래량은 어느 정도입니까?

새벽에 교회에 나온다는 것, 새벽 기도에 참여한다는 것은 우리가 생각하는 것 이상의 놀라운 영적 축복입니다. 물론 힘든 것이지만, 그만큼 해볼 만한 가치가 있는 것입니다. 어떻습니까? 이제 하나님 아버지가 당신을 기다리신다는 사실이 믿어지십니까? 내일 당장이라도 새벽에 아버지 집에 가고 싶지 않으십니까?

part 2... 새벽 기도의 본질

1. **예수님이 친히 새벽 기도의 모범을 보이셨다.**

   예수님은 모든 신앙인들이 따라야 할 삶의 모범이다.

   그런데 예수님은 특별히 새벽 기도에 열심을 다하셨다는 것을 주목하자.

2. **새벽 기도는 하나님께 처음 것을 드리는 귀한 시간이다.**

   우리는 기도의 당위성은 인정하지만 꼭 새벽에 기도해야 하는지에 대해서는 확신이 없다.

   그러나 새벽은 하나님이 가장 기뻐하시는 시간이기에 새벽 기도가 중요하다.

3. **새벽은 하나님의 특별한 도우심이 임하는 시간이다.**

   삶이 힘들고 고달픈 사람들은 모두 주님의 따스한 품으로 나와야 한다.

   주님은 "새벽에 내가 너를 도우리니."라고 말씀하고 계신다.

4. **하나님의 성전은 새벽 기도를 위한 최적의 장소다.**

   교회는 하나님과 만나는 '미팅 하우스'다.

   교회에 함께 모여 드리는 합심 기노에 하나님이 특별히 역시히신다.

5. **새벽 기도는 나의 절박한 기도 제목을 아뢸 수 있는 절호의 기회다.**

   새벽 기도는 인생의 위기를 예방하고 민족의 장래를 위해 드리는 기도다.

   나의 앞날은 오직 새벽 기도 외에는 길이 없다.

: 함께하는 새벽 기도

새벽 기도 후 소그룹 별로 다음의 내용을 가지고 모임을 갖습니다. 소그룹 모임이 어려울 경우에는 개인적으로 말씀 묵상과 찬양 후, 질문에 답하고 기도하는 시간을 가지는 것이 좋습니다. – 편집자 주

📖 새벽의 묵상 말씀

"새벽 아직도 밝기 전에 예수께서 일어나 나가 한적한 곳으로 가사 거기서 기도하시더니."

_마가복음 1:35

🎵 새벽의 찬송

나 주의 도움 받고자

주 예수님께 빕니다

그 구원 허락하시사

날 받으옵소서

내 모습 이대로

주 받으옵소서

날 위해 돌아가신

주 날 받으옵소서

_ 나 주의 도움 받고자 / 찬송가 349장(새 214장)

새벽을 풍성하게 하는 나눔

1. 새벽 기도를 하면서 변화되기 시작한 부분이 있다면 나 뉘 봅시다.

   ----

2. 왜 교회에서 새벽 기도를 해야 하는지 그 이유를 서로 이 야기해 봅시다.

   ----

3. 같이 팀을 이뤄 서로 새벽을 깨워 주는 시스템을 논의해 봅시다.

새벽에 기도할 제목들

1. 하루의 첫 시간을 드리는 모범적인 신앙인이 되도록

2. 새벽 기도에 많은 사람을 참여시켜 같이 복 받을 수 있 도록

prayers in
daybreak...

내가 매일 십자가 앞에 더 가까이 가오니

구세주의 흘린 보배피로서 나를 정케 하소서

찬송가 219장(새 540장)

_새벽 기도의
도전

prayers in
daybreak...

chapter 1

그래, 시작해보자!

당장 새벽 기도를 시작해야겠다고 결심한 당신.
그러나 막상 시작하려니 어려운가?
조금만 어려움을 극복해 보라.
들어갈 땐 힘들지만 나올 땐 충만한 은혜를 받을 것이다.

새벽에 깨어 하나님과 교제하는 것이 얼마나 귀중하고 값진 것인가를 깨달은 당신은 이제 당장 내일부터 새벽 제단을 쌓기로 결심했을 것입니다. 그러나 첫걸음부터 여러 가지 난관에 부딪힐 수 있습니다. 악한 원수 마귀는 새벽 기도가 우리 신앙을 견고케 하는 강한 무기임을 알기에 절대로 그냥 놓아두지 않기 때문입니다. 그러나 주께서 우리의 길을 인도하여 주실 것이므로 끝까지 포기하지 말고 싸워 이겨 나가야 합니다. 사단은 여러 모양과 온갖 방법으로 우리를 흔듭니다. 그래서 우리가 새벽에 하나님 앞에 나가지 못하도록 합니다. 절대로 지지 마십시오. 무너지면 안 됩니다. 용기를 갖고 우리의 모든 것이 하나님만 향하게 하십시오.

포기할 것을 포기하는 용기

목회자인 저도 늘 준비하고 있어도 때로는 새벽에 큰 시험을 당할 때가 있습니다. 주의 말씀을 전하는 주의 종으로서 목회자는 버려야 할 것이 많습니다. 그 중 하나로 설교자는 취미를 버려야 합니다. 목회자가 강단 취미 외에 취미를 들인다면 그것은 마귀가 파 놓은 함정에 빠진 것입니다. 저는 사실 바둑을 꽤 잘 두었습니다. 한 1-2급 정도 두었는데 마음을 굳게 먹고 바둑을 끊기로 했습니다. 바둑으로 소비하는 시간이 아깝게 느껴졌습니다. 그 시간이면 하나님과 더 긴밀한 시간을 가질 수 있다는 생각이 들었기 때문입니다. 그러나 바둑을 두어 보신 분들은 아실 것입니다. 바둑을 끊는다는 것은 결코 쉬운 일이 아닙니다. 얼마나 어렵습니까? 결국 제 의지대로 되지 않아서 기도를 하면서 주님의 도우심을 구했습니다. 그런데도 바둑은 계속 제 마음을 맴돌며 떠나가지 않았습니다. 결국 급수가 2급까지 올라갔습니다. 2급까지 올라갈 정도라면 어느 정도인지 바둑 두시는 분은 아실 것입니다. 끊기 위해 노력했지만 쉽지 않았습니다.

설교하려고 강단 위에 올라가면 교인들 머리가 전부 바둑알로 보였습니다. 뒤에 앉아서 기도할 때는 바둑알이 전부 앞으로 졸졸 굴러들어 옵니다. 그런 제 자신이 부끄러워서 어찌할 바를 몰랐습니다. 다시 한 번 회개하는 마음으로 '주의 종이 말씀을 전하는데 최선을 다해야지, 바둑 한 번 두면 5시간, 6시간, 10시간 정도를 소비하는데 그 귀한 시간을 말씀을 준비하는 데 더 사용해야겠다.'라고 생각했습니다. 제가 유일하게 갖고 있는 취미가 바둑이었습니다. 모든 걸 다 버렸는데 그것 하나만 끝까지 저를 따라붙었습니다. 그런 찰나에 갑자기 마음에 감동이 왔습니다. 방 안에 들어가 두께가 20cm나 되는 큰 바둑판을 갖고 나와 도끼로 깨 버렸습니다. 그것을 깨면서 얼마나 울었는지 모릅니다. 다 하나하나 깨서 불을 지르면서 '하나님, 바둑 좀 생각나지 않게 해주세요. 바둑 두지 않고 말씀 준비에만 전심전력하게 도와주세요.'라고 간절히 기도했습니다. 그렇게 통곡을 하면서 산산조각 내었습니다. 그냥 반만 깨서는 나중에 붙여서 또 쓸까봐 산산조각 깨서 다 불태웠습니다. 그 뒤로 한 15년이 지났는데 정말 제 마음과 머리에 신기하게도 바둑에 대한 사랑과 관심이 점점 사라져 갔습니다. 그리고 마침내 바둑 마귀는 떠나가 버렸습니다.

부끄럽지만 저 역시 이렇게 힘든 노력과 기도 끝에 결국 승리를 얻어 냈습니다. 바둑이 이러한데, 인터넷은 끊기 얼마나 어렵겠습니까? 잠을 이기기는 또 얼마나 힘들겠습니까? 늦게 자는 습관을 하루아침에 바꾸기란 또 얼마나 어렵습니까? 그밖에 자기가 가장 사랑하고 아끼는 것을 새벽 기도를 위해 버려야 한다는 것 자체가 얼마나 어려운 일입니까? 저는 제가 직접 경험했기에 그 심정을 충분히 이해합니다. 그러나 이겨 내야 합니다. 당신은 할 수 있습니다. 하나님께서 도와주시기 때문입니다. 하나님은 기다리십니다. 당신 스스로 용기를 내어 새벽 헌신을 위해 자기를 포기하고 하나님만 바라보기를 원하십니다. 당신이 하나님 품 안으로 더 가까이 갈 수 있도록 도와주길 원하십니다.

갈 때는 힘들어도 올 때는 은혜 충만

세상 어떤 곳이든 갈 때는 좋아도 돌아올 때는 참 피곤합니다. 직장도 그렇지 않습니까? 아침에는 기분 좋게 나가도 저녁에 돌아올 때는 참 피곤합니다. 결혼도 할 때는 좋지만 생각했던 대로 좋은 것만은 아닙니다. 힘겨운 시집살이가 기다리고 있습니다. 그러나 기도는 그렇지 않습니다. 죄인이 기도하면 의로워집니다. 거룩해집니다. 가난한 자가 기도하면 복을 받습니다. 병든 자가 기도하면 건강해집니다. 우리의 기도를 들으시는 분이 계시기 때문입니다. 하나님은 당신의 기도를 들어주시고, 당신의 부족함을 채워 주시고, 당신의 기도에 응답해 주시고, 모든 어려움을 해결해 주시기 때문에, 기도는 시작하기는 힘들지만 언제나 결과가 좋습니다. 열매가 좋습니다. 마지막이 좋습니다. 돌아올 때가 좋습니다. 그래서 당신은 자신 있게 사랑하는 아내나 친구에게도 "새벽 기도하러 갑시다."라고 권면할 수 있습니다.

특히 새벽에 드리는 기도는 하나님께서 더욱 귀히 여기십니다.

새벽 기도 갈 때까지는 매우 힘들지만 돌아올 때는 틀림없이 찬송을 부르게 될 것입니다. 은혜가 어느 때보다도 큰 것을 느끼게 됩니다. 은혜가 넘쳐 나면 자꾸 노래가 나옵니다. 감사의 찬송입니다. 그리고 기쁨이 넘쳐 납니다. 그래서 성도들이 새벽 기도하고 나면 은혜의 마음 문이 열려서 소망을 갖고 찬송을 부르게 됩니다. 세상으로 나가면 유행가를 부릅니다. 유행가는 절망, 좌절, 회의, 번뇌와 염세적인 것과 인간의 고뇌에 관한 노래입니다. 그러나 찬송할 때는 성령님께서 역사하셔서 소망과 기쁨, 감사와 평안, 능력을 주십니다. 유행가는 뜻도 없이 뒤만 돌아보게 합니다. 그러나 새벽 기도는 늘 우리를 은혜롭게 합니다.

당신은 새벽 기도의 은혜를 체험한 적이 있습니까? 그래서 그 은혜를 다른 사람에게 나눠 준 경험이 있습니까? 우리 주위에는 그렇게 새벽 기도의 은혜를 통해 주변 사람들에게 영향력을 끼친 사람들이 많습니다. 제가 아는 한 집사님의 간증을 소개하겠습니다.

| 하나님 앞에서 저는 참으로 철없는 아이에 지나지 않았습니다. 어려울 때마다 늘 하나님께 도와 달라고 기도하면서도 사는 것은 하나님 뜻과 상관없이 제 맘대로 살았습니다. 어느 날 죄악 중에 살고 있는데도 제가 요청만 하면 어떤 어려운 부탁을 들어주시

는 하나님에 대해 깊이 생각하게 되었습니다. 그때 '하나님께서는 나를 향한 큰 계획이 있으셔서 이렇게 함부로 사는 나를 도와주시는구나.'라는 생각을 갖게 되었습니다. 그때부터 저에 대한 하나님의 큰 계획이 무엇인지 궁금해졌고, 새벽 기도 때마다 하나님께 질문하기 시작했습니다. "하나님, 저에 대한 주님의 계획은 무엇입니까?" 한두 달쯤 지난 어느 새벽에 하나님께 똑같은 질문을 하는데, 제 마음 깊은 곳으로부터 들려오는 음성이 있었습니다. "나는 네가 싫다. 늘 죄에 빠져 있고, 맘에 드는 것도 없고, 너를 돕는 것이 싫지만 네 어머니와의 약속 때문에 너를 늘 지켜 주고 도와주는 것뿐이다." 하는 음성이 귀로 들리는 것이 아니라, 나의 마음속에 한 자 한 자 새겨지듯 전달되었습니다. 그 순간 하나님께 너무 부끄럽고, 어머니가 참 보고 싶었습니다. 또 우리 아이들에게 미안한 마음과 함께 제 자신이 너무 초라하다는 복합적인 감정에 휩싸여 하염없이 눈물을 흘렸습니다.

제가 기억하는 어머니는 전쟁 중에 당신의 부모를 잃으셨다는 것과 교회의 종소리에 맞춰 늘 새벽 기도에 나가시던 모습입니다. 한 벌뿐인 마늘색 한복은 교회에 가실 때만 입는 옷으로 늘 단정하게 다림질 되어 벽에 걸려 있었고, 어려운 살림 중에도 성경책 속에는 항상 헌금할 지폐가 들어 있었으며, 큰형이 훔쳐 가도 아무 말씀 없이 다시 지폐를 넣어 두곤 하셨습니다. 낮에 일하실 때는 찬송가 '주 안에 있는 나에게'와 '내 주를 가까이 하게 함은'을 늘 부르시면서 밝은 표정으로 일하셨습니다. 저는 찬송하시는 어머니의 주위를 맴돌곤 했습니다. 세월이 지난 지금 어머니처럼 기도하지 못하는 저는 아이들에게 늘 미안한 마음입니다. 하지만 어머니처럼 훌륭한 기도의 유산을 물려주는 아버지가 되기 위하여 노력하고 있습니다. 이것이 제가 해야 할 '나의 기도'인 것입니다.

어머니는 고향을 떠올리게 합니다. 어머니를 생각하면 눈시울이 붉어집니다. 그러나 위의 간증대로 어머니의 기도는 더 큰 감동을 줍니다. 새벽 기도는 어머니의 기도 소리가 아련하게 들려오는 당신 신앙의 고향입니다.

참 자유와 기쁨으로

솔직히 새벽 기도가 어려운 것은 사실입니다. 하지만 무조건 물러설 것이 아니라 정면으로 돌파하는 자세가 중요합니다. 잘 안 되는 것을 되게 하고, 어려운 일들이라 할지라도 피할 수 없는 일은 정면으로 부딪치는 것이 좋다고 봅니다. 새벽 기도가 흔히 말하는 십자가나 정말 고통스러운 그 무엇이 아니라 정말 좋은 것이라는 사실을 깨닫는 기회를 얻어야 합니다. 고통 가운데 진주가 자라고, 기쁨의 보화가 감추어져 있는 것입니다. 무엇보다도 주님께서 본을 보여 주신 새벽 기도를 앞으로 다가오는 시대에도 잘 이끌어 가야 할 의무가 당신에게 있습니다. 이 어려운 시대에 새벽 기도의 꽃을 활짝 피웠으면 하는 바람이 간절합니다. 새벽 기도 참석을 율법적인 면으로 자꾸 강요하고 얽매는 것은 잘못된 것입니다. 초대 교회 성도들이 그랬던 것처럼 참 자유와 기쁨으로 새벽 기도에 참여하는 것이 가장 좋다는 점을 강조하고 싶습니다.

chapter 2

저녁형 인간을 위한 방법

새벽은 기도를 위한 골든 타임이다. 새벽 기도는 영적인 보약이다.
절대 놓칠 수 없지 않은가? 저녁형 인간이 되지 말고, 아침형 인간이 돼라.
그러면 새벽으로 나가는 길이 보일 것이다.

골든 타임

'골든 타임'이란 말은 말 그대로 황금 시간대라는 뜻입니다.
우리가 어떤 일을 하는 데 있어 이 골든 타임을 적용한다는 것은
매우 중요합니다. 적시 적소를 잘 이용하면 그 일을 성취하는 데
큰 도움을 주기 때문입니다. 새벽 기도를 승리하기 위해서 골든
타임을 적용할 것을 간절히 권면합니다.

군대에 가면 서로 순번을 정하여 밤새 2시간 동안 보초를 섭니
다. 보통 군인들의 취침 시간은 10시쯤부터 시작해서 기상 시간
은 6시입니다. 밤 10시부터 아침 6시까지, 이 8시간 사이에 자신

이 보초 설 2시간을 정합니다. 그런데 시간의 선택 순위가 관건입니다. 고참들이 우선권을 갖는데 선택하는 시간대는 딱 두 개입니다. 하나는 밤 10시부터 12시까지, 다른 하나는 새벽 4시부터 6시까지입니다. 일명 군대에서는 이 시간대를 '골든 타임'이라 부릅니다. 군대를 다녀온 남자들은 이 말의 뜻이 무엇인지 아주 잘 알 것입니다. 그 시간이 골든 타임인 이유는 군인들이 보초를 몰아서 서고 잠을 몰아서 한꺼번에 잘 수 있기 때문입니다. 그러면 중간에 깨지 않고 6시간 동안 잘 수 있기에 골든 타임이라고 합니다. 나머지 시간들은 후임병들이 나누어 보초를 섭니다. 밤 12시부터 2시까지 서고, 2시부터 4시까지 서고, 4시부터 보초 서는 사람도 4시에 바로 일어나는 것이 아니라 옷 입는 준비 시간이 걸리니 3시 반에는 일어나야 합니다. 이렇듯 조금 잤다 싶으면 보초를 서야 하는 시간이 되니 잠을 충분히 못 자고 계속 일어났다 깨어났다 반복합니다. 결국 수면 시간은 양쪽이 반 토막이 나서 매우 피곤해집니다. 그래서 제일 고참은 특별한 혜택을 누리는 시간인 4-6시를 선택합니다.

하물며 우리는 어떻습니까? 군인들은 어쩌다 한번 누리는 특별 혜택을 얻고 싶어 난리인데, 영적 군사라고 할 수 있는 성도들도 날마다 이 특별 혜택을 누려야 하지 않겠습니까? 군인들이 어쩌다 누리는 시간인 4-6시는 바로 우리 성도들, 영적 군사들의 골든 타임입니다. 그리고 우리는 아침마다 골든 타임을 누릴 수 있습니다. 하나님께서는 우리가 골든 타임을 택할 수 있는 기회를 충분히 주셨습니다. 하나님께서 주신 이 기회를 우리가 포기해야겠습니까?

새벽의 간식, 새벽의 보약

새벽 기도를 잘 못 드리는 사람들을 보면 대개 이유가 있습니다. 직장을 다니거나, 체질상 잠이 많거나, 저녁형 인간이거나 등등 이유가 많습니다. 물론 타고난 체질을 억지로 바꾸기는 참 어렵습니다. 물론 새벽에 활동하기 어려운 체질이라고 하면 저녁에라도 기도하면 됩니다. 어차피 기도 자체가 중요한 것입니다. 어느 시간이든지 당신은 기도할 수 있습니다. 그러나 새벽 기도야말로 하루 중 기도하는 데 있어 골든 타임이라는 것은 이론의 여지가 없습니다.

우리가 기도하는 시간대는 밤이 끝나고 하루가 시작되는 때여야 합니다. 그 시간은 오직 하나님과만 교제하는 것이 가능하기 때문입니다. 다른 시간은 방해를 받기 쉽습니다. 낮 시간에는 하나님께만 집중하여 기도를 하고 싶어도 그렇게 되지 않습니다. 바쁜 현대인의 삶이 그렇습니다. 가령 오후 2시에 한 시간씩 기도하는 것이 어디 그리 쉽습니까? 사람들이 찾아오고, 전화가 울립니다. 휴대폰 때문에 더욱 그렇습니다. 그러나 그 가운데서도 우리는 매일 하나님을 생각하고, 하나님께 집중하는 것, 하나님의 은혜를 깊이 받는 것이 필요합니다. 이것은 새벽 기도 제단을 쌓을 때만 가능한 것입니다.

그리고 사실 인간은 자신의 노력으로 체질을 개선할 수 있는 능력을 가지고 있습니다. 특히 기도하기 위해 체질을 바꾸는 것은 오히려 건강에 좋습니다. 그리고 기도에 힘이 있기 때문에 더 쉽고 빠르게 자신의 체질을 바꿀 수 있습니다. 기도는 모든 것을 바꿀 수 있는 Change 능력입니다. 슬픔, 저주, 병마가 다 떠나가기 때문에 삶이 바뀝니다. 얼굴과 마음이 바뀌고, 사상이 바뀝니다. 잘못된 길에서 좋은 길로 바뀌는 것입니다. 당신의 영혼과 당신의 삶에 하나님께서 부어 주시는 새로운 삶이 임하게 될 것입니다. 여리고성은 새벽에 무너졌습니다. 기도하면 모든 대적이 무너집니다. 어두움의 세력이 무너집니다. 새벽은 생명의 시간입니다. 새벽은 어두움이 물러가는 시간입니다. 빛이 동녘에서부터 떠오르는 것입니다. 나를 향해 비추는 하나님의 빛이 환하게 비춰집니다. 그래서 새벽 기도를 하면 하루가 환해집니다. 새벽에 하나님 앞에 기도하는 성도들은 하나님의 빛을 받고 하루를 시작합니다.

저는 어떤 성도로부터 온 가족이, 심지어 초등학생 아이들까지 새벽 기도를 열심히 다닌다는 간증을 듣고 은혜를 받은 적이 있습니다. 온 가족이 특별 새벽 집회에 빠짐없이 출석하여 아브라함과 다윗의 믿음을 배우고, 하나님께서 구약 시대 수많은 인물들 중 믿음이 큰 자를 들어 쓰셨다고 하신 말씀에 큰 감동을 받았다고 했습니다. 또 그 성도는 특별 새벽 집회 때 어린이들을 강단에 앉히고 예배드리는 모습이 초등학생 자녀를 둔 부모로서 신선한 충격이 아닐 수 없었다고 합니다. 특히 자신의 아이들이 목사님께서 말씀 전하시는 바로 옆에서 예배를 드리고 있는 모습은 마치 예수님께서 어린이를 사랑하시어 곁에 두고 말씀하시는 모습과 매우 흡사하게 보였다고 합니다. 이들 가족은 특별 새벽 집회 기간 동안 개근했는데, 초등학교 1학년인 인재와 4학년인 인범이가 집회가 끝난 후 "아버지, 저희들도 아브라함처럼 믿음의 사람이 되겠어요. 강단에 앉아서 예배드리니 조금 떨렸지만 참 좋았어요." 하며 받은 은혜를 무척 기뻐했다고 합니다. 이 고백이 얼마나 은혜롭습니까?

저는 과거에 교인들에게 아이들도 새벽 기도에 나올 수 있도록 운동하는 프로그램을 만든 적이 있습니다. 시골 교회에서 목회할 때였는데 새벽 기도에 나오는 아이들에게 먹을 것을 주고, 라면도 항상 무료로 끓여 줬습니다. 한 영혼을 생각하면 비용도 아깝지 않았습니다. 그때 아이들이 새벽 기도회에 한 번만 개근하면 그것이 그 아이 평생에 남는 은혜였습니다. 그리고 이런 아이들이 나중에도 하나님을 빨리 찾습니다. 어릴 때 보약이 참 좋은 것처럼 새벽 기도는 영적으로 보약입니다. 아이들에게도 보약입니다.

그런데 많은 분들이 새벽 기도를 마치고 피곤하다며 집에 돌아가서 다시 잠을 청합니다. 그렇게 되면 새벽 기도를 정복한 것이 아니라 새벽 기도가 날 정복한 게 됩니다. 절대로 다시 자지 마십시오. 자지 말고 뛰어야 합니다. 그러면 말할 수 없는 건강이 주어집니다. 사단이 당신에게 '애야, 편히 잠들지어다. 새벽 기도 나왔으니 얼마나 피곤하냐?'라고 유혹합니다. 하지만 그렇지 않습니다. 인간은 5시간만 자도 몸에 아무 무리가 없습니다. 그러므로 새벽 기도를 하려면 저녁에 조금 일찍 잠을 자면 됩니다.

영적인 기독교 문화는 저녁에 일찍 자고 새벽에 일찍 일어나는 것입니다. 세속 문화가 발달할수록 사람들이 밤에 안 자고 낮에 잡니다. 밤에 엉뚱한 짓 하다가 낮에 자는 것입니다. 제가 화투 치는 사람을 봤는데, 밤새도록 치고 낮에는 잡니다. 바람피우는 사람들도 그렇습니다. 밤새도록 춤추고 낮에 잡니다. 우리는 이 패턴과 다르게 살아야 합니다. 일찍 자고 일찍 일어나서 낮에는 열심히 일하시기 바랍니다.

밤 10시, 5분 기도

새벽을 준비하려면 그 전날부터 이미 영적 전쟁 준비 태세에 들어가야 합니다. 여간해서는 새벽 기도에 성공할 수 없습니다. 어느 때보다 더 준비하고 기도해야 승리할 수 있습니다. 지는 교인들이 가정에서 새벽을 준비하는 영적 운동으로 '밤 10시, 5분

기도 운동'을 일으켰습니다. 새날을 준비하는 마음으로 밤 10시에 온 가족이 모여 기도하는 것입니다. 그리고 이것으로 하루 일과를 마무리 짓습니다.

요즘 밤 10시는 대낮보다도 더 분주합니다. 우리 생활의 일부분이 되어 버린 인터넷은 밤이면 그 파장 속도가 더 빠르고, 세속적으로 변하여 밤늦도록 잠을 잘 수 없게 만듭니다. 이런 세태는 비단 어른뿐만 아니라 아이들에게까지 심각한 속도로 퍼지고 있습니다. 인터넷은 모든 정보의 산실입니다. 그것을 사단이 놓칠 리가 없습니다. 모든 경제, 문화, 정치, 지식을 통로로 삼습니다. 우리는 이것을 꼭 기억하고 잊지 말아야 합니다. 사단의 통로를 차단해야 합니다.

그래서 '밤 10시, 5분 기도 운동'은 큰 의미가 있습니다. 이 기도는 악한 사단의 밤 문화로부터 우리와 자녀들을 막아 주는 방패가 됩니다. 밤 10시가 되면 집안의 모든 TV, 라디오, 컴퓨터를 끕니다. 오늘 하루를 되돌아보면서 회개하고 내일을 준비하는 마음으로 간절히 기도하는 것입니다. 원수 마귀는 온갖 방법과 수단을 동원하여 우리를 자신의 손아귀에 넣으려 합니다. 이제 우리도 영적 전쟁의 작전 계획을 새롭게 세울 필요가 있습니다. 영적 전쟁의 승리자가 되기 위해 언제나 깨어 기도하고 준비하십시오. 당장 오늘 저녁에 실행해 봅시다. 온 가족이 밤 10시 정각에 모여 기도로 하루를 마무리해 보십시오. 그 기도가 새벽 기도의 승리를 가져다 줄 것입니다.

일찍 자라

몇 년 전 베스트셀러가 됐던 책 중 하나가 '사이쇼 히로시'라고 하는 일본인 의사가 쓴 『인생을 두 배로 사는 아침형 인간』입니다. 이 책 속에는 기독교 정신과 잘 맞는 말이 좀 있습니다. 오늘날 현대인들에게 고통과 병이 많고, 어렵게 살아가는 이유는 그들이 야행성으로 바뀌어 가기 때문이라는 것입니다. 특히 야행성은 건강에도 나쁘다고 합니다. 모든 생명이 아침에 깨어나서 하루를 출발하게 되어 있는데 아침에 안 일어나고 밤늦게 자는 것은 하나님의 창조 질서에도 안 맞습니다. 같은 6시간을 자도 밤 12시에 자고 아침 6시에 일어나는 사람의 건강은 밤 10시에 자고 새벽 4시에 일어나는 사람의 건강과 비교가 안 된다고 합니다. 일찍 자고 일찍 일어나는 것이 이처럼 몸에도 좋습니다. 늦게 자면 8시간을 자도 온종일 피곤합니다. 새벽 3시부터 8시간 자는 것보다는 밤 10시부터 4시간을 자는 것이 훨씬 덜 피곤하다는 연구 결과가 있습니다. 잠을 잠답게 못 자면 자고 나서도 종일 피곤합니다. 그러나 일찍 자고 일찍 일어나면 건강에도 좋고 아침에 가뿐하게 일어날 수 있습니다. 그러므로 당신이 아침형 인간이 되기 위해서 전날 일찍 자는 것이 중요합니다. 자신의 의지로 그런 라이프 스타일을 만들어야 하는 것입니다.

CTS 기독교 TV의 감경철 회장님이 좋은 예입니다. 그분은 원래 불신자였습니다. 그러다가 예비군 훈련을 받던 중에 목사님의 설교를 듣고 은혜 받아 교회에 나왔습니다. 그 후로 이분은 병 고침을 받고 사업에 성공하여 실패의 더미에서 재기했습니다. 그는 주님의 은혜에 감격하여 어떻게든 새벽에 일찍 일어나려고 저녁 8시 정도면 취침에 들어간다고 합니다. 말로 다할 수 없는 주님의 은혜를 생각하면서 일찍 잠자리에 든 것입니다. 그리고 늘 새벽에 일어나 자녀들과 함께 새벽 기도회에 참석했습니다.

우리는 의식적으로 일찍 자려고 노력해야 합니다. 사람은 일찍 자야 일찍 일어날 수 있습니다. 여기에는 예외가 있을 수 없습니다. 사장이든, 부하 직원이든, 권세 있는 자든, 권력 없는 자든 모든 사람은 일찍 자야 일찍 일어나게 되어 있습니다. 새벽에 일어나서 주님을 만나겠다는 마음을 품고 잠자리에 들어 보십시오. 주님의 은혜를 사모하면서 말입니다.

내일은 나가지 말자. 오늘만 나가자!

새벽 기도에 실제로 참석하려면 이렇게 다짐해 보시기 바랍니다.

"내일은 나가지 말자. 오늘만 나가자! 내일은 살아 봐야 아는 것이다.
자고 일어나 봐야 아는 것이다. 내일이 있는 걸 어떻게 아는가.
그러니까 딱 오늘만 나가자. 오늘만!"

'오늘은 관두고, 내일 꼭 나가야겠다. 하루쯤은 미뤄도 되겠지.'라는 생각을 버리시기 바랍니다. 내일은 나갈 수 있을지 없을지 아무도 모릅니다. 내일은 하나님의 시간일 뿐, 우리들의 시간이 아닙니다. 새벽 기도는 바로 오늘 나가야 하는 겁니다. 이렇게 생각할 때 새벽 기도에 대해서도 쉽게 접근할 수 있습니다. 새벽 시간은 참으로 기쁘고 즐거우며 자유로운 시간입니다. 우리 모두가 이런 마음일 때 교회의 새벽 기도가 살아날 것입니다.

그리고 교회에 갈 때는 인상 쓰거나 세수도 안 하고 나가는 일이 없기를 바랍니다. 새벽 기도회 갈 때 화장도 예쁘게 잘 하고, 머리도 잘 빗고, 옷 매무새도 잘 다듬고 나가야 합니다. 하나님 아버지를 만나면서 억지로 나온 듯한 모습을 보일 필요는 없지 않습니까?

┊ chapter 3 ┊

새벽 기도 참석은 영적 싸움

인간의 힘으로 새벽 기도를 할 수 없다. 마귀가 방해하기 때문이다.
그러나 성령은 마귀를 제압하신다. 그분께 도움을 구해 보라.

주여, 새벽에 깨워 주시옵소서

20여 년 전에 교인 가운데 수도 경비사에 근무하던 부대장이 있었습니다. 하루는 부대 시찰이 너무 바빠 자정이 넘어 집에 들어왔는데 잠이 들면 일어나지 못할 것 같아서 구두끈을 풀지 않고 현관에서 찬송을 1장부터 555장까지 부르며 기다리다가 특별 새벽 집회에 나왔다는 이야기를 들었습니다. 또 어느 지방에서는 성도들끼리 새벽마다 서로 깨워 주면서 차를 한 대 빌려 함께 타고 올라오기도 한다는 얘기를 들었습니다. 이것은 모두 성령께서 주시는 은혜입니다.

새벽 기도 나올 때, '주여, 새벽에 깨워 주시옵소서.' 하고 기도해 보십시오. 반드시 성령님께서 깨워 주십니다. 그런데 깨워 줘도 몇 번 안 나오면 그 다음부터 성령님도 안 깨워 주십니다. 왜냐하면 성령은 인격적이시기 때문에 우리가 원하지 않으면 안 해주십니다. '신경질 나게 또 깨우네.'라고 하면 안 깨워 주십니다. 성령님은 참 신기하십니다. 아주 선하신 영이기 때문에 여러분이 간절히 원할 때 오셔서 우리로 하여금 갖가지로 좋은 열매를 맺게 도와주십니다.

그런데 마귀는 그렇지 않습니다. 들어온 다음에 나가라고 해도 안 나갑니다. 내안에서 죄악의 열매를 맺고 마귀로 말미암아 환난을 당하고 시험을 당해 '사단아 물러가라.' 해도 내 힘으로는 쫓아낼 수 없습니다. 성령이 역사하셔서 이 마귀를 물리치실 때만 물러나는 것이지, 인간의 능력으로는 사단을 절대 물리칠 수 없습니다.

그러기에 새벽 기도하기 위해 교회에 나오려 하면 마귀는 늘 시험을 줍니다. 왜 그렇습니까? 좋은 일에는 마귀의 역사가 따르기 때문입니다. 시험은 마귀의 역사입니다. 시험은 좁은 문입니다. 교회에 나오는 것은 시험을 잘 치르기 위함입니다. 예수님께서도 "나로 인하여 너희를 욕하고 핍박할 것" ^{마 5:11-12} 이라고 말씀하셨습니다. 되는 대로 살아가는 사람들은 교회에 나올 수 없습니다. 교회는 영원한 천국에 들어가려는 하나님의 자녀들이 오는 곳입니다. 여기에 인생의 목적이 있습니다. 이 땅을 떠난 후에 저 천국에 가기 위해서 아버지 집에 오는 것입니다. 이러한 목적을 가지고 살아가기 때문에 성도가 훌륭하고 위대한 일들을 하고 후회 없는 삶을 살게 되는 것입니다. 이 일은 절대 당신의 힘만으로는 되지 않습니다. 언제나 하나님의 전적인 함께하심을 구해야 합니다.

사실 저도 일상에 참 부담되는 일이 많습니다. 주일이 지나고, 월요일 일찍부터 회의가 너무 많습니다. 마귀가 시험주기 딱 좋은 환경입니다. 그런데 하나님께서는 저에게 은사를 주셨습니다. 십 분만 쉬는 시간이 있으면 잠이 오는 은사입니다. 그렇게 십 분만 자고 나면 가뿐해집니다. 잠이 잘 오는 이유는 염려하지 않기 때문입니다. 걱정할 일이 아무것도 없습니다. '나는 죽이나 먹고, 하나님이 하시는 대로 따라만 가면 되는 것이지 내가 걱정할 일이 뭐가 있을까. 교회가 내 교회인가? 주님의 교회인데. 내 양 떼인가? 주님의 양 떼인데. 내 앞날을 내 마음대로 할 수 있는가? 이 몸은 이미 내 몸이 아니고 주님의 몸, 맡긴 몸인데…….'

이렇게 생각하다 보면 나 자신이 염려할 것이 뭐가 있겠습니까. 아무것도 염려할 게 없습니다. 주님께 맡기고 나면 마귀가 들어올 틈이 없는 것입니다.

마귀는 우리가 교회에 가는 것, 기도하는 것, 찬송하는 것을 제일 싫어합니다. 그러나 하나님은 이 세 가지를 제일 좋아하십니다. 하나님께서 기뻐하시는 것을 마귀는 싫어합니다. 그렇기에 새벽에 기도하는 사람은 하나님께 영광이 되고, 마귀와의 싸움에서 승리합니다. 성경에 기록된 대로, 눈에 보이는 약간의 신체적인 해밖에 끼칠 것이 없습니다. 그러나 우리는 보이지 않는 적, 훨씬 더 위험한 마귀와 싸워야 합니다. 이를 위해 우리는 하나님의 도우심을 간구해야 합니다. 인간의 의지만으로는 새벽에 일어나기가 너무 힘듭니다. 그래서 성령님이 깨워 주시도록 구해야 합니다. 그리고 성령님께서 가능케 해주심을 믿어야 합니다.

영적인 목적이 분명해야 한다

저는 별다른 취미도 없고 특별히 기르는 것도 없지만, 누가 나무를 가져다주기에 분재를 조금 하고 있습니다. 몇백 년 된 소나무를 분재하는 것을 보면 참 재밌습니다. 크기는 작지만 몇백 년이나 살아갑니다. 참 신기합니다. 어떻게 그런 작은 크기로 계속 잘 기를 수 있는지 흥미롭습니다.

분재를 하는데 있어서 중요한 방법이 있습니다. 우선 뿌리의 원줄기가 있습니다. 위에도 원줄기가 있고 아래도 원줄기가 있습니다. 이걸 '주근'主根이라고 합니다. 이것을 딱 잘라 버리면 더는 안 자랍니다. 주근만 내버려 두면 다른 건 아무리 잘라도 계속 자랍니다. 바로 주근이 생명인 것입니다. 분재는 이것을 잘라 버려서 나무가 더 이상 크지 않게 합니다. 그래서 250년도, 300년도 기르는 것입니다. 참 재미있는 사실입니다. 주근을 그대로 두면 계속 자라는데 주근을 잘라 버리면 살아 있긴 하지만 더 이상 크지 않습니다. 그래서 분재밖에 안 되고 맙니다. 신앙도 마찬가지입니다. 가지가 너무 많습니다. 성경에 보면 가지도 있고 뿌리도 있고 그렇게 한없이 수천, 수만 개가 달렸는데, 그 안에 주근이 하나 있습니다. 그것만 잘라 버리면 신앙이 성장하지 못 합니다.

우리 신앙의 주근은 무엇입니까? 중심이 무엇입니까? 우리를 왜 불러 주셨습니까? 우리가 누구를 위해 삽니까? 주근을 모르면 우리의 신앙이 자라지 않습니다. 분재밖에 안 됩니다. 그 주근이 뭔지 아십니까? 바로 예수 그리스도이십니다!

200년이 지나도 기독교가 뿌리내리지 못하는 나라들은 예수 그리스도에 대한 이해, 즉 신학 용어로 기독론에 문제가 있는 것입니다. 일본 교회에서 얼마나 세미나를 많이 하고 봉사를 많이 합니까? 그런데도 일본 교회가 성장하지 못하는 이유가 있습니다. 그들을 만나서 대화를 해보면 하나님을 일본에 있는 잡신과 똑같이 생각하고 있습니다. 다 똑같은 신이라고 생각하고 믿습니다. 예수 그리스도가 빠져 있습니다. 그럴 때에 교회는 분재의 역할밖에 못합니다. 성장하지 않는 것입니다.

예수 그리스도는 누구입니까?

먼저 이에 대한 신학이 있어야 하고, 예수 그리스도에 대한 지식 즉, 기독론에 대한 광범위한 지식을 가지고 있어야 합니다. 신앙 고백은 전부 기독론입니다. 그의 아들 예수 그리스도를 믿고, 잉태된 걸 믿고, 죽으심을 믿고, 부활하심을 믿고, 승천하심을 믿고, 그 다음 재림하심을 믿고 영원히 우리는 그와 함께 살게 됨을 믿어야 합니다. 그러므로 신앙 고백은 그리스도를 향해 있습니다. 신구약 성경이 전부 그리스도를 향하는 것입니다.

물론 그 외에 중요한 것도 많습니다. 예배도 중요하고, 봉사도 중요하고, 교육도 중요하고, 지역 사회를 섬기는 것도 중요합니다. 그러나 그것들은 주근이 아닙니다. 절대적이지 않습니다. 오히려 그런 것들은 부족해도 괜찮습니다. 오직 그리스도가 전부입니다. 모든 것은 그리스도께 맞추어져야 합니다. 상담, 정치, 경제, 사회 등 모든 것을 예수 그리스도에 맞춰야 합니다. 그리스도 없는 삶은 성공해도 성공이 아닙니다. 그러므로 우리는 예수 그리스도 중심으로 시대를 보고, 사건을 봐야 합니다. 예수 없는 삶은 실패하는 삶입니다. 예수가 없으면 안 되면 안 되어서 망하고, 되면 되어서 망하는 삶이 됩니다. 이 얼마나 놀라운 진리입니까?

새벽 기도도 마찬가지입니다. 새벽 기도에 나오는 가장 중요한 이유, 새벽 기도의 주근은 바로 예수 그리스도입니다. 그분을 만나려고 나오는 것이지 다른 이유가 있는 게 아닙니다. 바로 이것이 새벽 기도에 나오는 사람이 가장 염두에 두어야 할 원칙입니다. 내 문제와 내 의지, 다급함으로 나오는 것은 새벽 기도의 본래 목적이 아닙니다. 내 문제를 해결하기 위해 기도하러 온다면, 닥친 문제가 해결되고 나면 그다음에는 나오기 싫어집니다. 이런 이유가 전부라면 새벽 기도 생활을 지속하기 어렵습니다.

새벽 기도에 예수 그리스도가 없으면 의미가 없습니다. 그리스도가 생명이지 기도 자체가 목적이 아닙니다. 그리스도에게 가기 위해 기도하는 것입니다. 새벽 기도는 우리가 예수 그리스도를 만날 수 있도록 중매쟁이의 역할을 합니다. 우리는 새벽 기도에 참석하여 예수 그리스도를 만나도록 간구하고 기도해야 하는 것입니다. 이러한 간구가 있을 때 주께서 우리를 도우십니다. 우리의 연약함에도 불구하고 새벽에 나갈 수 있게 해주십니다. 우리의 신랑 되신 주님을 만나는 것이 얼마나 가슴 설레는 일입니까? 그 설레는 마음으로 새벽 기도를 사모하시기 바랍니다.

성공은 지키기 어렵고, 새벽 기도는 계속하기 어렵다

요즘 신간 서적을 보면 성공에 대한 책들이 많습니다. 경제 문제나 건강에 대한 책들도 많이 나옵니다. 어떻게 보면 특별한 몇 사람만이 성공을 누리는 것 같지만 사실은 그렇지 않습니다. 누구든지 마음을 한곳으로 모으고 한길을 걸어가듯이 최선을 다하면 어떤 사람에게라도 성공할 수 있는 기회, 행복할 수 있는 기회가 주어집니다. 이것은 멀리 있는 것도 아니고, 어려운 것도 아닙니다. 참으로 어려운 것은 성공한 다음에 그 성공을 누리는 것이 어렵고, 지키는 것이 어렵다는 사실입니다. 실제로 정상 정복은 어렵지 않습니다. 챔피언이 되는 과정에서 한 사람만을 목표로 하면 그 사람은 정복할 수 있습니다. 한 사람을 넘어뜨리는 것은 성공하기가 수월합니다. 그 한 사람에 대해서 집중적으로 연구하고 끊임없이 노력하면 됩니다. 그러나 그 다음이 문제입니다. 챔피언이 되기 위해서는 한 사람만 넘어뜨리면 되지만, 챔피언이 되고 나면 그를 넘어뜨리려는 사람이 수천 명입니다. 다 그를 넘어뜨리려 하고 다 그를 공격하기 때문에 그때부터는 내 힘의 연약함을 알게 되고, 성공을 누리는 것이 참으로 어렵다는 것을 깨닫게 됩니다.

새벽 기도를 열심히 잘 나오던 사람도 방심해서 한번 안 나오기 시작하면 그것이 습관이 되기 쉽습니다. 그래서 나중에는 나오지 않으려고 몸부림을 치게 됩니다. 마귀의 미혹을 받아 붙잡히는 것입니다. 그래서 자고 일어나도 개운하지 않습니다. 우리가 마귀의 꼬임에 빠지지 않으려면 십자가를 바라보고 하나님을 의지하며 살아야 합니다.

새벽 제단을 쌓으며 교회를 사랑하는 성도들을 볼 때마다 얼마나 감사한지 모릅니다. 대체로 세상 속에서 계급이 올라가면 신앙은 내려오기 쉽습니다. 최고의 지위를 누리면서 새벽 기도회에 나오는 사람은 별로 없습니다. 그러나 계급이 높아지고 재산이 늘면 신앙도 따라 올라가야 합니다. 신앙생활을 게을리하면 안 됩니다.

새벽 기도는 농부의 마음으로 해야 합니다. 직장에서 월급 타듯이 기도하면 안 됩니다. 멀리 바라보는 사람만이 꾸준히 기도할 수 있습니다. 저도 20년이 넘도록 눈물로 기도했습니다. 20년이 지나니 조금씩 바뀌기 시작했습니다. 계절은 봄, 여름, 가을, 겨울로 쉽게 변하지만 내 영혼의 절기는 오랫동안 기도해야 바뀌는 것입니다. 새벽 기도는 단 한 번으로 만족할 수 있는 것이 아니라 평생 체질이 되기 위해 노력해야 합니다. 체질화의 훈련! 이것이 참으로 중요합니다

chapter 4

'특별 새벽 집회'라는
특별한 훈련

새벽 기도는 단순한 기도가 아니다.
그것은 성숙한 그리스도인이 되기 위한 훈련이다.
새벽 기도를 체질화할 때 하나님께 쓰임 받는 성도가 된다.

새벽 기도에 나오는 성도들은 누구나 마음에 소원이 있습니다. 우리를 부르시는 하나님도 소원이 있으십니다. 하나님께서는 새벽 기도를 통해 당신이 훈련받길 원하십니다. 훈련은 당신이 기도를 통해 하나님이 원하는 사람으로 자라나도록 합니다. 그래서 새벽 기도회는 말씀도 듣고 기도도 하게 해서 당신이 전인적인 하나님의 일꾼으로 성장하도록 돕습니다. 새벽 기도는 하나님께서 선하신 목적을 가지고 당신을 교육하는 수단입니다.

신자는 훈련받아야 한다

신앙의 훈련이 잘 되어 있는 교인이야말로 진정한 교인입니다.

당신은 하나님의 나라를 위해 싸우는 군인이고, 믿음의 경주를 하는 운동선수입니다. 많은 훈련을 거쳐야 좋은 군인이 될 수 있듯이 성도는 말씀에 대한 훈련을 오랫동안 쌓아야 그리스도의 좋은 군사가 될 수 있습니다. 교회 생활도 배워야 하며 심지어 교회를 섬기는 것도 배워야 합니다. 주의 종을 섬기는 것도 배워야 하듯이 하나님의 말씀도 잘 배워야 합니다.

신병이 군에 입대해서 처음 총을 메면 어깨가 쳐지고 힘들어하지만 7주의 훈련이 끝나면 총이 가벼워지고 손에 익습니다. 이처럼 많은 연습과 훈련은 다른 사람들이 보기에 어렵게 느껴지는 일도 쉽게 처리할 수 있는 능력을 갖게 합니다. 신앙도 마찬가지입니다. 처음에는 말씀이 무겁습니다. 예배 시간이 지루하게 느껴집니다. 그러나 말씀을 암송하고 묵상하다 보면 무언가 잡히는 것이 있습니다. 설교 말씀을 듣다가 눈물이 나기 시작합니다. 주님의 임재가 느껴지기 시작하는 것입니다. 그리고 하나님에 대한 이야기가 나도 모르게 내 입에서 나오기 시작합니다. 주님을 증거하는 삶을 살기 시작하는 것입니다.

제가 강조하는 신앙 훈련이 바로 새벽 기도입니다. 제가 볼 때는 봉사를 하기 전에 말씀의 훈련부터 받아야 합니다. 그러나 저는 말씀보다 중요한 것이 기도라고 봅니다. 기도하고 말씀을 배워야 제대로 된 신앙을 가질 수 있습니다. 기도는 밭입니다. 성경에 보면 씨앗이 밭에 뿌려진다고 했는데, 신앙의 밭이라고 할 수 있는 기도가 없는 곳에 우리가 어떻게 말씀을 뿌릴 수 있겠습니까? 기도가 없는 심령이 어떻게 말씀 훈련을 받을 수 있습니까? 그래서 기도가 우선되어야 합니다. 기도하는 사람에게는 그 안에 말씀이 있고 하나님의 영이 역사하십니다. 그러면 그 역사하시는 영이 얼마든지 큰일을 할 수 있습니다.

저는 이러한 확신 가운데 성도들에게 새벽 기도를 권면했고 이러한 기도의 발걸음에 맞춰 말씀을 들려주고 채워 주었습니다. 그리고 오늘날까지도 그렇게 하고 있습니다. 새벽 기도를 통해 성도들에게 말씀을 공부시킵니다. 개척 초기부터 실시한 특별 새벽 집회는 그 기간 동안 한 가지 주제를 선정하여 체계적이고 꾸준하고 세밀하게 전 교인들에게 가르치면서 그들이 말씀에 대한 든든한 뿌리를 내리고 기초 훈련을 쌓을 수 있도록 합니다. 그리하여 교인들이 성경에서 가르치는 봉사와 섬김을 자연스럽게 실생활과 교회 생활에 적용하게 되고 실천의 모범을 보이는 변화의 단계까지 이르게 되었습니다.

특별 새벽 집회의 기적

요즘 보면 우리가 평범하게 생각하는 옛날 음식을 가지고도 사업을 잘하는 사람들이 많습니다. 예전에 호박죽은 아주 가난한 사람이 먹는 음식이었는데, 이 호박죽을 새롭게 개발하여 큰돈을 번 사람도 꽤 있습니다. 춘천 막국수도 돈이 없는 사람들이 주로 먹는 것이었는데, 이것을 개발하여 '춘천' 하면 막국수가 떠오를 정도로 유명해졌습니다. 사실 새벽 기도는 막국수와 같이 우리 조상들 중 어려운 사람, 힘없는 사람, 천한 사람들이 하나님께 나와 드리는 기도였습니다.

우리 교회는 26년 전에 새벽 기도에 하나님의 큰 뜻이 있지 않을까 생각하면서 개발했습니다.

당시 한국 교회는 대부분 교회성장학에 관심이 많아서 세미나의 99%가 교회성장학에 맞춰져 있었습니다. 그러나 저는 교회성장학 강의나 세미나에 참여하지 않았습니다. 그저 새벽 기도를 했습니다. 그런데 새벽 기도가 교회도 성장시키고 여러 가지 놀라운 일을 만들어 냈습니다. 조상들이 물려준 것을 하찮게 생각하고 사람들이 별 관심을 갖지 않는 분야에 저는 관심을 기울였습니다. 그러니까 조상들의 것, 신토불이를 개발해서 지금까지 6만 명 이상 나오는 특별 새벽 기도회를 몇 년째 유지하고 있습니다.

저는 이런 이야기들을 일찍부터 한국 교회에 알리고 싶었지만 하나님이 역사하신 것을 인위적으로 짜깁기해서 알린다는 것이 부끄러웠습니다. 그저 심부름밖에 한 것이 없는데 우리 교회가 대단한 일을 한 것처럼 비춰지면 하나님이 기뻐하시지 않는다고 생각했습니다. 그래서 새벽 집회에 관한 내용은 책이나 방송이나 세미나에서 발표하지 않았습니다. 교회는 주님의 신방新房이어야 하고, 은혜를 담는 곳이기 때문에 세상에 알리는 것은 좋지 않다고 생각해서 많이 절제했습니다. 그러나 저의 경험이 다른 교회에 많은 도전과 자극이 되기를 바라는 마음에서, 새벽 기도가 우리 시대에 개발되어야 한다는 점을 알리기 원하는 마음에서 이 글을 썼습니다.

제가 1980년도에 특별 새벽 집회를 시작할 때는 '특별 새벽 집회'라는 말이 없었습니다. 새벽 집회를 '특별'로 할 필요도 없었고 새벽 기도에 교인들의 십분의 일만 참여하면 괜찮겠다고 생각했습니다. 그리고 그 정도의 교회면 상당히 안정된 경우였습니다. 그러나 저는 조금 다르게 생각하기로 했습니다. 참여를 많이 할수록 좋다고 말입니다. 그래서 특별 운동을 시작한 것입니다. 흔히 새벽 기도회의 모습을 보면, 남자 분들이나 젊은 사람들은 거의 참석하는 모습을 보기 어려웠습니다. 정말 슬프거나 원통해서 우는 자리 혹은 은사 위주의 집회로 진행되는 경우가 많았기 때문인 것 같습니다.

그렇다고 해서 새벽 기도를 특별한 프로그램이나 굉장한 은사 집회로 만들어도 성도가 얼마 모이지 않습니다. 유명한 강사가 와도 많이 안 모입니다. 왜 그렇겠습니까? 특별한 사람들이 모이는 집회니까 그렇습니다. 그래서 저는 새벽 기도를 평범한 성경 공부 식으로, 아주 순리적으로 이끌었습니다. 그러면 아이들도 많이 나오고 다 참여할 수 있다고 생각했습니다. 특별한 계층, 특별한 방법, 특별한 메시지, 특별한 은사로는 새벽 집회가 잘 안 됩니다. 예수님처럼 모든 계층을 사거리 길에 가서 다 모으면 차고 넘치는 것입니다.

이런 생각을 갖고 특별 새벽 집회를 시작하자 1980년 9월에 25명으로 시작한 것이 다음 집회에는 50명이 되고, 100명이 되고, 200명이 되고, 500명이 되고, 1,000명을 넘더니 드디어 5,000명, 1만 명, 1만 5천 명을 넘어섰습니다. 1997년부터는 2만 명 이상이 출석하게 되었고, 2005년 가을에는 5만 명이 나왔습니다. 명성교회 본당에 오지 못하는 분들을 위해 인터넷을 통해 예배를 함께 드렸습니다. 또 500여 교회가 특별 새벽 집회 테이프를 가지고 가서 함께 예배를 드리고, 여기에는 경찰서, 군대, 대학교, 중, 고등학교, 교도소 같은 곳에서도 동참했습니다. 그러니까 대략 20만 명 정도가 특별 새벽 집회에 함께한 것입니다. 그래서 앞으로 특별 새벽 집회의 참석 인원을 100만 명으로 늘리면 좋겠다는 생각도 갖고 있습니다.

어떻게 하면 많은 분들을 새벽 기도 훈련에 동참시킬까 고민하다가 지금은 새벽 기도를 5부로 드리고 있습니다. 1부가 4시 30분, 2부가 5시 40분, 3부가 6시 50분, 4부가 8시, 5부 10시까지 하고 있습니다. 그리고 제가 설교를 하든 안 하든 성도들이 많이 나옵니다. 담임 목회자와 상관없이 교인의 기본 체력이 건강하고 균형 있게 잡힌 것 같아 마음이 흐뭇합니다. 새벽 집회의 시간도 시골이든 도시든 4시 30분, 5시 40분, 6시 50분, 8시, 10시처럼 다양하게 하면 좋다고 생각합니다. 예를 들어 아이들은 4시 30분에 나오기 힘드니까 학교에 가기 전에 잠깐 들려서 가도록 하는 것입니다. 그리고 목회자가 정 참석하기 어려우면 화면으로 다시 방영을 해서 어느 시간에나 새벽 기도가 가능하도록 합니다. 개인과 환경에 맞춰 새벽 기도 프로그램을 적용하고 개발해 나가면 됩니다. 이런 식으로 했을 때 새벽 기도가 안 되는 지역이 있다는 얘기를 저는 아직까지 들어본 적이 없습니다. 어디서든 새벽 기도는 가능합니다. 우리가 새벽으로 나가는 길은 어디에나 있습니다.

명성교회의 특별 새벽 집회의 영향력이 나라 안팎으로 퍼져 나가고 있음에 눈물겹게 감사할 따름입니다. 과거에는 새벽 기도에 몇백 명, 몇천 명이 모이리라고 아무도 생각하지 못했습니다. 그러나 지금은 전국에 새벽 기도를 하기 위해 천 명 이상 모이는 교회가 많고, 시내 사대문 안에 있는 교회들에서도 새벽 기도회가 활성화되어 있습니다. 새벽 기도에 2부 예배가 있을 수 없다고 생각했지만 지금은 새벽 기도를 2부로 드리는 교회가 많아졌습니다. 우리 교회의 특별 새벽 집회에 참여해서 은혜를 받은 미국과 프랑스의 교회들도 새벽 기도에 몇백 명이 모이는 역사가 일어났습니다. 특별 새벽 집회를 보고 도전을 받은 필리핀의 부츠콘테 Butch L. Conde 목사님은 마닐라에 있는 생명의 떡 Bread of Life 교회를 만 명이 넘게 모이는 교회로 부흥시키기도 했습니다. 명일동에서 울렸던 작은 종소리가 계속 울려 퍼져서 한국 교회를 깨우고, 나아가 세계 교회를 깨우는 축복의 집회가 된 것입니다.

이것은 결코 자랑이 아닙니다. 우리는 주님의 머슴이요, 종일 뿐입니다. 이 모든 것은 하나님의 은혜입니다. 제가 말씀드리고자 하는 점은 우리 조상들이 100년 이상 해 온 새벽 기도를 다른 눈으로 보고 개발하니까 새벽 기도의 발전이 전국으로 퍼졌다는 점입니다. 모든 발명과 발견이 다른 눈으로 접근하고 새로운 것을 발견하는 것처럼 말입니다. 또한 새벽 기도를 성경 공부하는 식으로 방향을 바꾸면 새벽 기도에 성도들이 보이기 시작합니다. 저는 강단에서 새벽 기도에 대해 일절 강요하지 않습니다. 강요는 성령님이 하십니다. 말씀을 사모하고 듣고자 하는 마음을 성령께서 불어넣으시자 많은 교인들이 감동을 받고 특별 새벽 집회에 참여하게 되었습니다.

참다운 훈련을 받는 좋은 기회

새벽 기도는 우리가 다양하게 훈련받을 수 있는 좋은 기회입니다. 제 경험상 교육을 수없이 해봤지만, 대체로 마음을 쉽게 안

엽니다. 수동적인 태도로 그냥 듣기만 할 뿐이었습니다. 그런데 새벽 기도는 다르다는 것을 깨달았습니다. 성도들이 사모하며 회개함과 겸손함으로 나오니까 마음이 쉽게 열렸습니다. 마음을 딱 열어 논 상태에서 메시지를 전하면 전달이 매우 잘 됩니다. 그래서 한 달 동안 기도해도 잘 모입니다.

사실 그도 그럴 것이 새벽 기도를 하면서 은혜를 받으면 우리의 마음이 부드러워집니다. 그래서 목회자인 제가 설교를 해보면 조금만 우스운 이야기를 해도 웃는 반응이 느껴집니다. 그런데 새벽에 은혜를 안 받은 성도는 목사가 웃어도 웃지 않습니다. 웃기려고 발버둥을 쳐도 안 웃고 도로 심각해집니다. 그러나 우리가 은혜를 받으면 우리의 마음이 어린아이와 같아집니다. 부드러워집니다. 교회도 부드러워집니다. 그래서 주님의 말씀과 같이 옥토 같은 교회를 만드는 길은 역시 새벽 기도라고 생각합니다. 기도도 단순한 기도가 아니라 주의 말씀대로 하는 새벽 기도에 주어지는 은혜가 크지 않겠습니까?

새벽이 좋은 점 중에 하나는 잠을 자고 일어났기 때문에 머리가 깨끗하다는 것입니다. 그래서 새벽은 머릿속에 많은 양을 빠르게 저장시켜 줄 수 있는 가장 좋은 시간입니다. 그래서 우리가 새벽에 나와서 말씀 강의를 듣는 것은 교육적인 면에서도 효과가 큽니다. 그래서 저는 깨달았습니다. 우리가 말씀 훈련을 받는 시간은 새벽 기도 시간이 최적격이라고 말입니다. 그래서 저는 항상 인쇄물을 가지고 주제를 하나 정해서 모두에게 나눠 줍니다. 그 양이 엄청나도 새벽에는 다 받아들일 수 있습니다. 왜 그렇겠습니까? 어디 본 것도 없고 들은 것도 없어 머리가 복잡하지 않으니까 '아멘!'으로 다 받아들입니다. 이처럼 새벽 기도는 교육적인 효과를 극대화시키고 500% 수확을 거두는 일입니다.

우리가 낮 예배의 설교 말씀을 듣는 것보다는 새벽 기도 시간에 듣는 것이 똑같은 분량의 똑같은 말씀을 들어도 우리 신앙에 100배의 효과가 있다고 봅니다. 우리는 낮에 복잡하게 많은 곳을 돌아다니고, 많은 사람을 만나고, 많은 생각을 하고 교회에 나오기 때문에 뇌가 하나님 말씀을 받아들일 수 있는 충분한 힘이 부족합니다. 먹는 것도 힘입니다. 건강해야 먹는데 낮에는 세상의 일을 하다가 피곤하고 지쳐서 하나님 말씀을 그만큼 잘 받아들이기 어렵습니다. 그래서 낮에 설교 할 때 성경 구절을 몇 개 반복하면 벌써부터 안 듣기 시작합니다. 왜냐하면 낮에는 영양분이 많은 음식을 못 먹기 때문입니다. 가벼운 음식만 먹습니다. 낮에는 벌써 깊이 있는 하나님의 말씀을 못 듣습니다.

그래서 제가 말씀 준비를 하는 경우, 낮에는 될 수 있는 대로 여러 가지 이야기를 하면서 부드러운 음식을 전합니다. 낮 설교는 어렵게 안 합니다. 아주 평범하고 쉽게 합니다. 그러나 새벽 설교는 성경 이야기만 해도 다 받아들이기 때문에 다른 말은 하나도 안 합니다. 삼십 분 내내 계속 성경 말씀으로만 몰아치듯 전해도 성도들이 '아멘, 아멘!' 하는 것을 봅니다. 은혜를 크게 받습니다. 그래서 '교인들을 교인되게 하고, 또 교회를 좋은 교회로 만드는 시간은 바로 새벽 시간이구나.'라는 것을 경험을 통해서 느껴 왔습니다.

저는 특별히 직접적으로 단기간에 사람을 변화시키는 내용보다는 장기적인 면에서 전개해 나갑니다. 주기도문과 삼위일체론부터 하나, 둘씩 시작합니다. 멀리 바라보고 조급하지 않게 전하면 성도들이 부담이 없습니다. 장기적으로 꾸준히 참여하게 되면 길이 잡히기 때문에 남성들도 잘 따라옵니다. 특별 새벽 집회 때는 하나의 주제에 집중합니다. 출애굽에 대한 것도 있고 기독론, 교회론 등 여기에는 조직 신학의 요소가 다 들어 있습니다. 그래서 교회의 기초가 튼튼합니다. 이렇게 하고 나니 교회에서 이단의 피해를 입은 사람이 없어졌습니다. 모두 다 말씀과 기도로 훈련이 되었기 때문입니다. 교회 생활에도 뿌리가 잡히고 이단이 성경을 가지고 유혹을 해도 성경의 내용이 정리되어 있기 때문에 절대 넘어가지 않습니다.

새벽에 골고루 말씀을 먹기 때문에 성도들이 균형 있게 성장하는 것을 봅니다. 특히 저는 새벽 집회 때 설교를 인쇄해서 전달합니다. 이렇게 하면 200% 이상 효과가 있습니다. 그냥 설교하면 성도들이 기억하기 어려운데 인쇄물을 쭉 읽어 나가면 메시지의 효과가 훨씬 커집니다. 원고를 만들기는 매우 어렵지만 책을 많이 보고 미리 준비해서 주제를 잡고 정리를 하면 전체를 이끌어 나가는 데 도움이 됩니다. 인쇄물을 먼저 주고 함께 읽으면서 하면 교육이 잘 됩니다. 성도들이 쉽게 내용을 기억하고 소화합니다. 그래서 새벽 설교는 교육하고, 공부하고, 훈련하고, 은혜 받는 일석사조의 시간입니다.

새벽 기도의 체질화

우리나라에서는 주일 예배 1,000명이 모이는 교회에서 새벽 기도회에 100명이 모이면 아주 잘 모이는 교회, 건강한 교회라고 생각합니다. 등록 교인의 40%가 주일 예배에 출석하면 아주 건강한 교회, 주일 예배 출석교인의 십일조가 새벽 기도회에 나오면 새벽 기도가 활성화된 교회, 그리고 저녁 예배에 출석 교인의 20% 정도가 나오면 상당히 건강한 교회로 보고 있습니다. 여러분은 어디에 속하십니까? 주일 예배에만 참석하는 40%에 속하십니까? 저녁 예배까지는 참석하는 20%에 속하십니까? 아니면 새벽 기도에도 참여하는 10%에 속하십니까?

우리의 믿음 밭에 새벽 기도를 꽃피워야 합니다. 새벽 기도가 살면 우리의 삶의 다른 모든 영역들이 되살아날 것입니다. 힘든 일이 있습니까? 넘기 어려운 산이 눈앞에 있습니까? 새벽 기도에

도전하십시오. 새벽 기도를 넘을 정도면 다른 장애물은 별로 어렵지 않습니다. 마치 유격 훈련을 받고 오면 다른 훈련이 쉽듯이 새벽 기도만 성공하면 어려울 것이 없습니다. 새벽 기도를 체질화해 보십시오. 스스로 새벽 기도를 훈련의 도구로 삼으십시오. 새벽에 말씀을 듣고 기도하는 훈련을 지속적으로 받는다면 그 어떤 난관도 극복하는 신앙인이 될 것입니다. 스스로 기쁘게 도전하는 자에게 열매가 맺힙니다.

정말로 우리는 새벽 기도로 다시 거듭나야 합니다. 곽선희 목사님은 "40년간 새벽 기도회에 한 번도 결석을 안 했다."라는 말씀을 자신 있게 합니다. 또한 방지일 목사님은 따님을 잃고도 새벽 기도를 했다고 합니다.

이처럼 새벽 기도는 그리스도인이면 결코 양보할 수도 물러설 수도 없고, 피할 수도 없는 길이라고 생각합니다. 새벽 기도는 하나님께서 이 땅 위에 하나님 나라를 건설하시고 사람을 구원하고자 하시는 구속의 역사에 큰 공헌을 합니다. 새벽 기도를 체질화한 사람이야말로 진짜 큰일을 할 수 있는 하나님 나라의 주인공들이고, 건설자들이며, 역사의 주역들입니다.

우리는 자신이 얼마나 훈련되어 있는지 돌아봐야 합니다. 얼마나 새벽 기도를 체질화하기 위해 노력했는지 살펴보아야 합니다.

'말씀 없는 기도는 의미가 없고, 기도 없는 신앙생활도 의미가 없다.'라는 사실을 명심하십시오. 새벽 기도를 통해 훈련을 받으십시오. 그러면 하나님께서 우리에게 요구하시는 새로운 믿음의 영역이 펼쳐집니다. 그곳에서 여러분이 일해야 할 또 다른 터전이 발견될 것입니다.

: chapter 5 :

새벽 기도의 사명

먼저 '새벽 기도'를 통해 하나님의 거룩함을 체험하라!
그리고 '새벽 기도'를 통해 훈련받아서 '머슴 정신'으로 봉사하고 섬기라!

　　과거 우리 조상들이 이야기하던 '수신제가치국평천하修身齊家治國平天下'라는 말이 있습니다. 이것은 유교적인 배경에서 나온 말이지만, 새벽 기도에 얼마나 잘 들어맞는 말인지 모릅니다. 먼저 자신이 은혜 받고, 그 은혜를 가정과 교회와 사회와 온 세상을 위해서 사용해야 한다는 것은 참 진리입니다. 이것이 우리 모두가 추구해야 하는 새벽 기도의 이상입니다.

　　흔히들 새벽 기도는 문제 있는 개인들만이 와서 간절히 부르짖는 시간으로 생각합니다. 그래서 대부분의 새벽 기도 시간에는 주로 개인적인 문제 해결이 기도 제목으로 나옵니다. 하지만 자신의 개인적인 문제를 놓고 기도하는 것이 전부가 돼서는 안 됩니다.

나만 은혜 받고 집에 돌아가는 것에 만족해서는 안 됩니다. 이것은 한국 교회에서 시급히 고쳐져야 할 인식입니다. 새벽 기도는 나의 문제만을 놓고 기도하는 시간이라는 생각을 하루 속히 버려야 합니다.

새벽 기도는 내가 받은 은혜를 가정과 교회와 사회를 위해서 전해 주는 통로가 돼야 합니다. 그러기 위해서 먼저 개인이 하나님의 주권 아래 바로 서야 합니다. 그다음에는 가정을 회복해야 합니다. 나아가 교회를 사랑하고 세워야 합니다. 마지막으로는 사회, 문화의 변혁을 일으켜 민족과 세계를 일깨워야 합니다. 이것이 우리가 새벽 기도뿐 아니라 늘 기도해야 할 거룩한 사명입니다.

어려운 상황에 처한 개인이 자신의 문제를 놓고 기도하기 위해서 새벽을 깨우는 것이 아니라 가정을 생각하고, 교회를 사랑하고, 나라를 걱정하는 사람들이 새벽을 깨워야 합니다. 나라를 걱정하는 의식 있는 청년들이 추운 새벽 바람을 가르며 교회에 나와야 합니다. 가정을 생각하는 가장이 새벽 공기를 마시며 교회에서 가정을 위해 기도해야 합니다. 교회를 사랑하는 사람들이 교회의 당면 문제를 놓고 목 놓아 부르짖을 수 있는 시간이 되어야 합니다. 저는 진정한 새벽 기도는 이런 모습이 되어야 한다고 생각합니다.

머슴 정신이라 부르는 거룩한 사명감

지금까지 이 책에서도 내내 강조해 왔고, 또 제가 지금까지 목회하면서 강조했던 것은 결국 두 가지입니다. 하나는 '새벽 기도'를 통해 하나님의 거룩함을 체험해야 한다는 것입니다. 그리고 다른 하나는 새벽 기도를 통해 훈련받은 후에는 남을 위해 봉사하고 섬겨야 한다는 것입니다.

새벽에 하나님을 경험하는 것에서 그쳐서는 안 되고 진실한 봉사의 정신으로까지 이어져야 합니다. 이것은 매우 중요한 것입니다. 새벽 기도에 참여하고 은혜 받은 우리는 내가 받은 은혜에 안주하기 쉽습니다. 그러나 그 받은 은혜에 안주하면 은혜를 유지할 수 없습니다. 우리의 신체는 계속해서 단련해야 건강을 유지할 수 있듯이 은혜도 그것을 섬기고 봉사하는 일에 사용해야 유지할 수 있습니다.

이 원리는 저 혼자 깨달은 것이 아닙니다. 제가 잘나서 혼자 새벽 기도하고 봉사하자는 것이 아닙니다. 저도 배웠습니다. 여러 신앙의 선배들, 지금은 원로목사가 되신 분들에게 목회도, 신앙생활도 많이 배웠습니다. 지금도 저는 가끔씩 힘들고 지칠 때마다 성령충만하셨던 신앙의 선배들을 떠올려 봅니다. 한 분씩 생각하면 저도 모르게 힘이 샘솟고 마음이 평안해집니다. 그리고 새벽 기도를 통해서 가정과 교회와 사회를 섬긴다고 생각하면 가

승이 설렙니다.

우리 모두 변해야 합니다. 모두 주님의 종으로서 섬기는 자세를 가져야 하는 것입니다. 서로 잘났다고 남을 무시하면 독불장군이 될 수밖에 없습니다. '나는 철저히 주님의 종이다, 다른 사람을 섬기라고 부름을 받은 주님의 종이다.'라는 의식을 가슴 깊이 새겨야 합니다. 이러한 사명 의식을 저는 '머슴 정신'이라고 부릅니다. 우리가 얼마나 자신을 낮추고 머슴처럼 봉사하고 섬기느냐에 달렸다고 보는 것입니다.

머슴의 자세로

저는 어릴 적에 철수(가명)라고 부르는 머슴 친구가 하나 있었습니다. 그래서 저는 머슴이 어떤 존재라는 것을 잘 알고 그렇기 때문에 우리가 주님의 머슴이라는 것이 무슨 의미인지 잘 압니다. 우리 아버지는 제가 외아들이고, 또 양반집 아들이기에 그 머슴하고 가까이 하는 것을 매우 싫어하셨습니다. 그런데 저는 그 머슴 친구 철수와 있으면 참 재미있었습니다. 그 아이가 종종 흑인 영가 같은 구슬픈 노래를 부르곤 했는데 그 노래가 인생 밑바닥의 삶을 경험하면서 부르는 노래이기에 정말 재미있었습니다. 그 방에 가보면 밤새도록 얘기해도 여전히 이야깃거리가 많았습니다. 그래서 저녁에 아버지 모르게 그 아이와 많은 이야기를 나누었습니다. 무엇보다 저는 친구를 통해서 주님의 머슴된 우리의 자세가 어떠해야 하는지를 배웠습니다. 그래서 저는 항상 성도들에게 철수 비유를 많이 합니다. 우리가 철수처럼 살아야 한다고 말입니다. 우리가 철수처럼 머슴의 자세로 돌아가면 하나님 앞에 버림받지 않을 것이라 생각합니다.

저는 철수를 보면서 느낀 점이 많았고, 그래서 제 자신의 삶과 목회에 적용을 해왔습니다. 이것을 저는 '머슴론'이라고 부릅니다. 이 중에 재미있는 것 몇 가지를 말씀드리고자 합니다. 무엇보다 저는 새벽 기도를 통해서 우리 모두 이런 모습을 갖추기까지 훈련되어야 한다고 생각합니다.

첫째로 철수를 보면서 느낀 것은 주인에게 절대 복종을 한다는 것입니다. 주인이 규칙적이지 않고, 합리적이지 않더라도 말입니다. 주인은 종에게 일을 시킬 때 이해를 시키지 않습니다. "철수야, 소 먹여라." 그러면 소 먹이는 것이지 다른 이유가 없습니다. 전혀 설명을 안 합니다. "야, 장에 가자." 그러면 즉각 가는 것이지 "생각해 보고요."라고 대답하지 않습니다. "나 오늘 장에 가는데 너는 어떻겠냐." 이런 말 하는 주인도 없습니다. 가자고 하면 가는 것이고, 저리 가라고 하면 저리 가는 것입니다. "풀 베." 그러면 풀을 베고, "치우고 장에 가." 그러면 장에 가는 것입니다. 주인의 뜻대로 그 머슴이 움직이는 것이지 한 번도 머슴과 의논하는 것을 못 봤습니다.

그저 언제나 "예, 예." 하면서 복종합니다. 순종이 아니고 복종입니다. 그래서 주님의 백성인 성도들은 복종해야 한다는 것입니다. 이해하고 따라서는 안 되고 주님의 말씀에, 주님의 뜻에 절대복종해야 합니다. 이것이 새벽을 깨우는 자들의 마음가짐이 되어야 합니다. 이 절대복종이 제가 말하는 머슴론의 첫 번째 원리입니다.

둘째, 철수는 항상 즐거운 삶을 삽니다. 머슴이어도 즐겁고 근심하거나 걱정하는 법이 없습니다. 밤에 살짝 가서 철수하고 놀다가 몰래 집으로 돌아오곤 했는데 얼마나 유행가를 잘 부르고 이야기를 많이 아는지 모릅니다. 아주 즐거운 삶을 삽니다. 머슴이 근심하고 고민하면 머슴이 될 수 없습니다. 머슴은 단순하게 복종하기에 그렇게 즐거울 수가 없습니다. 우리의 삶도 이렇게 되어야 하지 않겠습니까? 주님의 일을 하면서 즐겁지 않은 것은 뭔가 잘못된 것입니다.

셋째, 머슴은 농사에 대해서는 전문가입니다. 머슴은 제가 공부한 수학과 역사, 영어는 전혀 모릅니다. 그러나 농사에 대해서는 전문가입니다. 그렇게 잘할 수가 없습니다. 밭 갈고, 씨 뿌리고, 거두고 하는 것을 얼마나 잘하는지 모릅니다. 나무하는 일도 도사급입니다. 우리도 기도에, 말씀에, 봉사에, 학교에, 직장에, 가정에 있어서 전문가가 되어야 하지 않겠습니까?

넷째, 머슴의 삶은 간편합니다. 머슴의 방에 들어가 보면 옷장이 없습니다. 전혀 장식품이 없습니다. 주인이 일 년에 두 벌 옷을 해 주는데 여름옷 한 벌, 겨울옷 한 벌이 전부입니다. 물론 내의도 없습니다. 치약, 칫솔이 있는 게 아닙니다. 머슴방에는 아무것도 없습니다. 많이 갖고 있을 때부터 편안함은 사라집니다. 그런데 머슴은 간편하게 삽니다. 어디든 나갈 때 화장하는 시간도 없고 다듬는 시간도 없습니다. 그냥 나가면 됩니다. 그러니 얼마나 편하겠습니까?

우리는 머슴처럼 검소하게 살아야 합니다. 삶이 간편해야 한다고 생각합니다. 너무 많은 것에 얽매이고, 많은 걸 알고, 많은 일을 하려 하고, 많은 곳에 참여하려 하면 안 됩니다. 우리는 이미 제일 높은 분을 모시고 있는데 그 위에 또 무슨 높은 분이 있습니까? 머슴은 주인 하나만 두렵게 생각하고, 다른 데 대해서는 두려운 것이 없어야 합니다. 그래서 머슴의 삶을 평생 잘 살아가는 비결은 단순하게 사는 것입니다.

다섯째, 머슴은 주인에게만 충성하는 것이 아니라 주인의 자녀들에게도 충성합니다. 그래서 주인이 "이 아들을 학교에 데려 가라.", "물 건네 줘라."라고 말하면 주인집 아들을 업어서 건넙니다. 큰물을 지날 때도 업어서 건넙니다. 우리 같으면 꼬집고 "이 녀석아, 왜 나를 애먹이느냐?"라고 할 수도 있는데, 전혀 안 그럽니다. 주인에게만 잘 하는 게 아니라 주인 아들에게도 잘 합니다. 추운 날씨에도 주인 아들을 업고 가면서 원망하지 않습니다. 이건 무엇입니까? 우리가 하나님에게만 잘 하는 것이 아니라 하나님께서 사랑하시는 자녀들, 세상의 영혼들에게도 우리가 잘 해야 한다는 것입니다. 목회자는 하나님께서 사랑하시는 성도들에게도 잘 해야 하는 것입니다. 성도들은 목회자들에게 잘 해야 합니다. 물론 불신자들을 대하는 것도 마찬가지입니다. "왜 나를 귀찮게 하느냐, 왜 나를 애 먹이느냐?" 이래서는 안 됩니다.

우리가 세상 사람들을 대할 때, 심지어는 목회자가 성도들을 대할 때도 정말 짜증스러울 때가 있습니다. 하지만 새벽 영성으로 무장되면 머슴으로 사는 것이 쉬워집니다. 주님이 그들을 위해 십자가에서 못 박혀 죽으셨으니 우리도 그들을 이해하고, 관용하고, 사랑해야 합니다. 이처럼 서로 사랑하려고 노력하는 사람들을 하나님은 만나 주십니다. 그러므로 철저하게 종의 모습으로 겸손하게 낮아지는 것이 우리에게 필요합니다.

'봉사를 향한 기도'로 방향을 바꾸라!

새벽 기도를 통해 은혜를 받고 훈련을 받았다면 우리는 머슴같이 봉사해야 합니다. 미국의 실업가 포드H. Ford 1863-1947 는 "봉사를 앞세우는 사업은 흥하고, 이익을 앞세우는 사업은 쇠한다."라고 말했습니다. 믿음도 그렇습니다. 받은 은혜에 감사하여 봉사하며 섬기는 일을 감당하면 그 신앙은 자라납니다. 그러나 이익과 욕심을 앞세우면 신앙이 자랄 수 없습니다. 오히려 쇠하는 것입니다. 당신은 잘 믿으려고 하십니까? 은혜를 더 받으려고 하십니까? 먼저 섬기시기를 바랍니다. 섬기는 데서 은혜를 받습니다. 욕심으로 자꾸 채우려고 하면 여러분의 영적인 생명은 잠들어 버리고 맙니다. 마귀는 항상 그런 사람을 노리기 때문입니다. 이 시대를 잘 생각해 보십시오. 산업 사회가 되고 과학 지식이 발달하면서 생겨나는 오물들이 너무 많아졌습니다. 기독교인들이 해야할 일이 많아진 것입니다.

저는 이스라엘에서 대통령 비서실장을 했던 사람과 함께 식사를 같이 한 적이 있습니다. 그는 비서실장을 아주 오랫동안 했던 사람이었습니다. 그리고 정치적으로도 나라의 사랑을 받고 모든 분야에서 귀하게 쓰임 받는 사람이었습니다. 다른 사람은 1년도 하기 어려운 자리를 어떻게 10여 년 동안이나 할 수 있었을까요? 그토록 오랫동안 일하게 된 원인은 하나였다고 합니다. 그것은 늘 대통령을 앞세우는 겸손이었습니다.

오늘 우리의 문제가 무엇입니까? 내가 높아지려고 하면 교회는 낮아지는 것입니다. 내가 낮아져야 합니다. 내가 힘주면 교회가 힘이 빠지고 하나님의 나라는 역시 무산됩니다. 성도들은 끝까지 하나님의 머슴입니다. 의도적으로 내 얼굴을 숨겨야 하고, 낮추어야 하고, '나는 중요하지 않아. 나는 아무것도 아니야. 저분을 높여야 돼.'라고 생각해야 합니다. 하나님만 잘 되면 그분 덕택에 나는 배부르게 돼 있습니다. 이처럼 자신을 낮추는 사람만이 봉사할 수 있습니다.

그런데 우리가 알아야 할 것이 있습니다. 새벽 기도회에 나오고 봉사하는 것이 나를 위해서라면 그건 우상 숭배하는 사람과 다를 바가 없다는 점입니다. 그러므로 자녀 문제 때문에 기도하는 수준에 머물러 있으면 안 됩니다. 주님의 제자가 되고 일꾼이 되려면 다른 사람을 위해서 오고, 교회를 위해서 오고, 기도해도 다른 사람을 위한 중보 기도가 많아야 합니다.

하나님의 나라는 믿는 자 한 사람 한 사람에게 능력이 있습니다. 우리는 주의 이름으로 복을 받고, 남에게도 복을 빌어 주고, 세상의 빛과 소금이 되어야 합니다. 마태복음 5장 14, 15절을 보면 예수님께서 "너희는 세상의 빛이라 산 위에 있는 동네가 숨겨지지 못할 것이요 사람이 등불을 켜서 말 아래 두지 아니하고 등경 위에 두나니 이러므로 집 안 모든 사람에게 비취느니라."라고 말씀하셨습니다. 빛이 여러 사람을 위해 있듯이 나를 위해서가 아니라 많은 사람을 위해서 우리를 세우셨습니다.

자기만을 위해서 기도하는 사람은 기도도 많이 하고 믿음 생활을 열심히 하는데도 하나님 앞에 큰 은혜를 받지 못합니다. 우리는 항상 이웃을 생각하고 나라를 생각하고 더 나아가 세계를 품어야 합니다. 아프리카, 남미, 중국, 파키스탄, 방글라데시 등 세계 열방을 위해 기도하고 항상 멀리 보아야 합니다. 하나님께로부터 받은 권한을 남을 위해서, 이웃을 위해서 사용해야 합니다. 무엇이든지 자기를 위해서 쓸 때 부작용이 생기고 문제가 생깁니다.

성도는 누구를 위해 기도하느냐가 중요합니다. 요즘은 주님을 위해 일하는 사람들까지도 자기 생각을 너무 많이 합니다. 과거 주의 종들은 평생을 궁핍하게 살아도 감사하고, 가진 것이 없어도 나누며 살았습니다. 그런데 요새는 신학교 들어갈 때부터 목회해서 잘살아 봐야겠다고 생각하는 사람이 많습니다. 예수님께서 이 땅에 오셔서 남을 위해 살고 자기를 완전히 희생하셨듯이 우리는 언제나 남을 위해서 살아야 합니다. 그럴수록 하나님은 우리에게 힘을 주시고, 능력을 주시고, 권세를 주십니다.

내가 하나님 앞에 얼마나 잘 하느냐도 중요하지만 이웃에게 어떻게 하느냐도 중요합니다. 남을 위해 사는 것이 축복입니다. 그것보다 더 큰 은혜가 없습니다. 그래서 우리는 직업을 가져도 남을 위해서 좋은 일을 할 수 있는 직업을 선택하는 것이 좋습니다. 예를 들어 의사나 교사 같은 것은 이런 측면에서 굉장히 좋은 직업입니다. 미국이나 영국 같은 데는 경찰관이 인기가 있습니다.

특별히 신고하지 않아도 어려움이 생기면 다 도와주기 때문에 모두가 좋아합니다.

우리는 기도할 때도 남을 위해서 기도하고, 삶도 남에게 유익을 주고, 말 한마디도 남에게 유익을 주어야 합니다. 나누어 주기를 좋아하고 대접하기를 좋아하는 사람이어야 합니다. 예수님께서 우리를 부르신 것은 나만 복 받으라고 부르신 것이 아닙니다. 자기만 생각하다 보면 죄를 짓게 됩니다. 남을 생각하면 우리는 죄에서 벗어날 수 있습니다. 남을 위해서 좋은 일을 많이 하시기 바랍니다.

기도의 파장을 넓히자!

새벽 기도는 구속의 역사를 이루는데 중요한 역할을 합니다. 역사는 두 가지로 볼 수 있습니다. 하나는 세상의 역사, 하나는 하나님의 역사, 곧 구속의 역사입니다. 새벽 기도는 하나님께서 이 땅 위에 하나님의 나라를 건설하고, 사람을 구원하고자 하시는 구속의 역사에 큰 공헌을 합니다. 이 일을 잘 감당할 수 있는 하나의 그릇으로서의 역할을 한다고 볼 수 있습니다. 그러므로 하나님 앞에 매달려 기도하는 사람들은 진짜 큰일을 하는 하나님 나라의 역사의 주인공들이고, 건설자들입니다. 성경도 그들을 하나님 나라 역사의 주역들이라고 말하고 있습니다.

여러분, 새벽 기도를 통한 하나님의 궁극적인 비전은 무엇입니까? 결국 우리들의 삶에서 변화와 혁명이 일어나는 것입니다. 나 개인만을 위해서 살던 우리들이 나의 가정, 국가, 한 민족, 나아가 전 세계를 품고 기도하는 것입니다. 그게 참다운 변화입니다. '수신제가치국평천하修身齊家治國平天下'라는 말처럼 새벽 기도를 통해 내가 먼저 은혜 받고 그다음에는 가정, 교회, 사회, 국가, 세계를 향해 나가야 합니다. 이것은 하나님이 새벽을 통해 주실 변화들을 기대하는 마음으로 내 안에 지경을 넓혀 가는 것입니다. 이기적인 기도가 아닌 이타적인 기도가 세계를 바꿉니다. 여러분은 새벽 기도를 통해 세계를 변화시키는 주인공이 될 수 있습니다. 다음 4부에서는 새벽 기도의 비전을 구체화하기 위해 20가지의 기도 제목을 여러분에게 제시해 드리겠습니다.

part 3 ... 새벽 기도의 도전

1. 시작하기는 어려워도 새벽 기도에는 풍성한 은혜가 있다.

   새벽 기도를 시작하려고 마음을 먹기는 쉬워도 당장 실행하기는 어렵다.
   하지만 이를 악물고 어려움을 극복하면 충만한 은혜가 기다리고 있다.

2. 아침형 인간으로 체질 개선을 하면 새벽 기도가 쉬워진다.

   새벽은 하나님께 기도드릴 수 있는 황금 시간대다.
   저녁형 인간이 아니라 아침형 인간이 되면 인생이 바뀐다.

3. 인간의 의지가 아닌 성령의 도움으로 새벽 기도에 나갈 수 있다.

   새벽 기도는 은혜를 많이 받기 때문에 마귀가 우리를 참석하지 못하게 방해한다.
   그러나 성령께 도움을 구하면 방해를 이길 수 있다.

4. 새벽 기도는 성도가 훈련받는 과정이다.

   새벽 기도는 말씀을 가장 잘 들을 수 있는 자기 훈련의 기회다.
   새벽 기도를 체질화할 때 하나님 나라에 이바지하는 성도가 된다.

5. 새벽 기도는 타인을 위한 봉사의 기회다.

   새벽 기도를 통해서 하나님의 거룩함을 체험하는 것이 중요하다.
   새벽 기도에서 훈련받은 성도는 머슴 정신을 갖고 봉사해야 한다.

: 함께하는 새벽 기도

새벽 기도 후 소그룹 별로 다음의 내용을 가지고 모임을 갖습니다. 소그룹 모임이
어려울 경우에는 개인적으로 말씀 묵상과 찬양 후, 질문에 답하고 기도하는 시간을
가지는 것이 좋습니다.   – 편집자 주

새벽의 묵상 말씀

"하나님이 그 성 중에 계시매 성이 흔들리지 아니할 것
이라 새벽에 하나님이 도우시리로다."

_시편 46:5

🎵 새벽의 찬송

저 장미꽃 위에 이슬

아직 맺혀 있는 그 때에

귀에 은은히 소리 들리니

주 음성 분명하다

주가 나와 동행을 하면서

나를 친구 삼으셨네

우리 서로 받은 그 기쁨은

알 사람이 없도다

_ 저 장미꽃 위에 이슬 / 찬송가 499장(새 442장)

🎗 새벽을 풍성하게 하는 나눔

1. 새벽 기도를 작정했지만 실패한 경험이 있다면 함께 나누고, 그 어려움을 어떻게 해결했는지 이야기해 봅시다.

   ----

2. 저녁형 인간에서 아침형 인간으로 체질을 개선하면 새벽 기도가 한결 쉬워집니다. 저녁형 인간을 벗어나 새벽을 깨우기 위해 노력한 부분이 있다면 함께 나눠 봅시다.

   ----

3. 새벽 기도는 나 자신의 문제만이 아닌 중보 기도를 부르짖어야 하는 시간입니다. 모임 가운데서 중보해야 할 기도 제목을 함께 나누고, 중보 기도의 시간을 가져 봅시다. (함께 나눈 기도 제목을 아래에 적습니다.)

✏ 새벽에 기도할 제목들

1. 날마다 영적 싸움에서 승리하여 중보 기도의 군사가 될 수 있도록

2. 새벽 기도를 통해 겸손한 성품이 길러질 수 있도록

prayers in
daybreak...

밤 깊도록 동산 안에

주와 함께 있으려 하나

괴론 세상에 할일 많아서

날 가라 명하신다

찬송가 499장(새 442장)

새벽 기도의
비전

prayers in
daybreak...

새벽에 심령을 바꾸라

첫 번째, 먼저 할 일을 깨닫게 하소서!
두 번째, 병든 마음을 건강한 마음으로 바꿔 주소서!
세 번째, 감사와 겸손의 마음을 주소서!
네 번째, 못된 심령을 버리게 하소서!
다섯 번째, 성령이여, 역사하소서!

요즘 들어 많은 사람들이 한국 교회에 '부흥'이 필요하다고 말합니다. 저도 지금 우리에게 절실한 것이 부흥이라고 생각합니다. 그런데 우리가 맞아야 할 부흥이란 무엇입니까? 부흥은 어떻게 오는 것입니까? 그냥 "부흥을 주십시오."라고 떼쓰고 기도하면 되는 것입니까? 아닙니다. 부흥은 그렇게 오지 않습니다. 부흥은 눈물 어린 회개와 통렬한 자복에서 시작됩니다. 다른 사람의 잘못을 지적하기 전에 나의 죄를 놓고 회개해야 합니다. 내 마음이 먼저 주님의 말씀 앞에 깨어지고 자복해야 합니다. 나의 심령 안에서 부흥이 일어나지 않으면 진정한 부흥을 이룰 수 없습니다. 그러므로 우리는 새벽에 다른 무엇보다도 먼저 심령의 부흥을 위해 기도해야 합니다.

먼저 할 일을 깨닫게 하소서!

제가 학교에 다닐 때 많은 친구들을 보면서 느낀 결론이 있습니다. 아버지가 부자이고 높은 지위에 있어도 정신적으로 옳지 못한 자식들은 축복이 아버지의 대에서 끝난다는 것입니다. 부모가 많은 재산을 물려줘도 자식들의 정신 상태가 비뚤어져 있으면 흥왕이 당대에 끝납니다. 우리 주위에서도 이런 가정을 흔히 볼 수 있습니다. 한 가정에 중요한 것도 심령이요, 국가에 중요한 것도 심령이요, 모든 인류에게 중요한 것도 심령입니다. 히브리어로 '심령'이라는 단어는 '어느 것이든 중심에 있는 것'을 의미합니다. 사람의 중심은 어디까지나 심령입니다.

이 세상에는 먼저 해야 할 일이 있고, 나중에 해야 할 일이 있습니다. 신앙에서도 마찬가지입니다. 먼저 해야 할 일을 해야 하나님의 은혜가 임합니다. 신앙은 어느 한 면만 보고 평가할 수 없습니다. 믿음이 있어도 아름다운 행위의 옷을 입지 않으면 하나님의 무대에서 활동할 수 있는 기회가 주어지지 않습니다. 그러므로 우리 삶 속에서 고칠 것이 무엇인지 살펴보고 고쳐야 합니다. 축복은 멀리 있는 것이 아닙니다. 성공은 멀리 있는 것이 아닙니다. 내게 있는 잘못된 점들을 하나하나 고쳐 나가다 보면 어느새 하나님의 축복이 임하고 은혜가 충만한 삶을 살게 됩니다. 내가 가는 모든 길에 형통함이 옵니다.

저도 이 비밀을 모를 때에는 제가 전도를 많이 하고 설교를 잘하면 교회가 부흥하는 줄 알았습니다. 그런데 아니었습니다. 힘쓰고 애써도 안 되고, 교회성장학을 공부해도 안 됩니다. 스스로가 하나님 앞에 잘못된 옷을 벗어 버리고 사랑의 옷, 봉사의 옷, 겸손의 옷으로 갈아입을 때 하나님께서는 우리를 축복의 옷으로 갈아입혀 주십니다.

그래서 무엇보다 우리가 갈아입어야 할 옷은 심령의 옷입니다. 속사람의 옷입니다. 제가 '옛 사람'을 가지고 있어서 주변 사람들을 많이 고생시켰습니다. 집사람에게도 많은 아픔을 주었습니다. 우리 어머니가 제게 이런 말씀을 하셨습니다. "너는 비단 보따리에 싼 개똥이다." 겉모양은 비단인데 속은 개똥이라는 말이었습니다. 정말 개똥 같습니다. 그냥 개똥이 아니라 비단 속의 개똥이기 때문에 문제가 정말 많은 것입니다. 그래서 집사람이 고생을 많이 했습니다. 집사람이 변치 않고 도와주었고 그 과정에서 저도 많이 변했습니다.

사실 저희 집사람은 말할 수 없는 고생을 했습니다. 처음에는 비단만 보고 결혼을 했는데 와서 보니 개똥이었습니다. 그렇게 상상할 수도 없는 많은 고생을 했습니다. 그러나 집사람은 낙심하지 않고 도와주었습니다. 저도 급한 성격을 많이 회개하고 고쳤습니다. 나쁜 말들을 다 고쳤습니다. 그렇게 저는 점차 바뀌게 되었습니다. 그러면서 교회가 평안해지고 가정이 평안해졌습니다. 그러한 가운데 명성교회를 개척하고는 어려움없이 하나님께서 교회와 가정을 살펴 주셨습니다.

국가의 힘이 어디에 있는 것입니까? 마음에 있습니다. 가정의 행복이 어디에 있는 것입니까? 기업가의 새로운 아이디어가 어디에서 나옵니까? 이 모든 것이 하나님을 경외하는 마음에서 나옵니다. 그렇기 때문에 우리의 속사람이 변화되어야 큰일을 할 수 있습니다. 마음이 경건해야 훌륭한 지도자가 됩니다. 마음이 천국이면 누구와 살아도 행복하고, 마음이 기쁘면 어디에서 살아도 삶이 즐겁습니다. 죄인이 갇힌 가장 불행한 장소인 교도소의 삶과 가장 거룩하고 성스러운 수도원의 삶을 비교해 봅시다. 교도소의 삶이냐 수도원의 삶이냐가 중요한 것이 아닙니다. 중요한 것은 우리 마음입니다. 교도소에 있으면서도 하나님의 은혜에 감사하고 하나님께 영광을 돌리면 천국이 되고, 수도원에서도 원망하고 불평하면서 괴로워하면 그곳이 바로 지옥이 됩니다.

오늘 우리가 무엇을 바꿔야 합니까? 먼저 할 일이 무엇입니까? 세상을 바꿔서 여러분이 만족하려고 하십니까? 내 안에 있는 잘못된 마음을 고쳐야 행복하게 살 수 있습니다. 마음을 바꿔 주시도록 눈물을 뿌리며 기도합시다. 하나님을 믿고 경외하며 세상에 흔들리거나, 치우치지 않고 나아가면 여러분이 가는 길에 하나님께서 형통의 복을 내려 주십니다.

병든 마음을 건강한 마음으로 바꿔 주소서!

마음이 병든 사람은 만족이 없습니다. 술을 많이 마셔도 술에 만족이 없고, 아무리 바람을 피워도 그것으로 만족하지 못합니다. 마음에 병이 들었기 때문에 계속 그 길을 따라가면서 평생 죄악의 길을 가게 되어 있습니다. 오늘 우리는 갖가지 마음의 병에 걸려 있습니다. 심령이 병들면 세계를 향해 쓰임 받는 위대한 사람이 될 수 없습니다. 여러분은 어떤 마음을 갖고 계십니까? 소망이 있고 꿈이 있습니까? 믿음과 사랑과 열심이 있습니까? 지금 심령의 창고를 열어 보십시오. 무엇이 마음에 가득 차 있는지 자신의 심령을 살펴보시기 바랍니다.

현대인들은 이 세상의 모든 것을 다 가지려고 하면서도 마음은 채우려고 하지 않습니다. 주머니는 채우려고 하면서 마음은 비워 놓고 있습니다. 물질적으로 손해나는 것에는 예민하면서도 마음이 잘못되어서 영적으로 손해나는 것은 대수롭지 않게 여깁니다. 아무리 좋은 교회에 나와도 세상적인 생각을 버리지 않고 나오면 은혜가 되지 않습니다. 아무리 좋은 사람을 만나서 살아도 좋은 마음가짐이 없으면 결단코 행복한 삶이 될 수 없습니다. 가장 귀중한 마음을 경홀히 여기는 것은 금물입니다.

우리는 정신을 차려야 합니다. 우리 모두 원래의 위치로 돌아가야 합니다. 요즘은 하나님 앞에 주의 종의 길이 가장 귀한 줄 모르고 명예와 영광과 허영에 날뛰는 사람들이 있습니다. 오늘 한국 교회는 많은 분야에서 끊임없이 개혁하고 회개해야 합니다. 본래 우리의 위치로 돌아가야 합니다. "주여, 우리가 또 빈 그릇을 가지고 왔사오니 또 은혜를 내려 주시옵소서, 기름을 채워 주시옵소서." 하며 매달려야 합니다.

교회가 좀 성장하니 저에게도 개인적으로 오라는 곳이 많고 여러 가지 유혹이 많습니다. 어느 학장님은 오셔서 교회가 이만하면 목사가 박사 학위를 받는 것이 좋겠다고 제게 박사 과정에 들어와 공부하라고 합니다. 그런데 제가 거절했습니다. 목사 자격도 없는 부족한 종이 목사로라도 하나님 앞에 바로 선다면 제가 무엇을 더 원하겠습니까? 그래서 저는 안합니다. 저를 소개할 때 김 목사님이라고 해야 좋지, "김삼환 박사님께서 하나님의 말씀을 전해주시겠습니다." 하면 그것이 무엇입니까? 어울리지 않습니다. 생각해 보십시오. 우리들은 절대로 들뜨지 말아야 합니다. 여러분, 돈 좀 벌었습니까? 너무 표내지 마십시오. 조금 더 배웠습니까? 겸손하십시오. 내 빈 그릇을 더 준비하여 주께서 내 빈 그릇을 채워 주시기를 구합시다.

여러분, 지금까지 어려움이 없었다고 앞으로도 어려움이 없을 줄 아십니까? 어느 면으로 어려움이 올지 모릅니다. 그러나 어려움이 닥칠 때마다 인간의 눈으로 보지 말고 주님 안에서 믿음으로 해석하여 주 앞에 무릎 꿇고, 기도의 단을 쌓고, 의지하여 나가면 주님께서 우리의 모든 어려움을 해결해 주십니다. 시련을 통해 오히려 기적을 베푸시고 능력을 주셔서 우리와 온 집을 축복하실 줄 믿습니다.

감사와 겸손의 마음을 주소서!

이기적인 욕심을 가지면 불행할 수밖에 없지만 감사하는 마음을 가지고 겸손하게 살면 행복할 수 있습니다. 쌀을 씻으면서도 하나님의 은혜를 감사하는 성도, 겸손한 성도, 봉사하는 성도는 "하나님의 은혜로 이 쓸데없는 자에게 이렇게 좋은 쌀을 주시니 참 감사합니다."라는 고백을 하게 됩니다. 우리가 어렸을 때 밥 굶던 것을 생각하면 이 모든 것이 참으로 감사한 일입니다.

그러나 더 잘사는 사람들을 생각하고 비교한다면 절대로 행복할 수 없습니다. 옷을 입을 때에도 벗은 사람을 생각하고 입으면 감사하게 됩니다. '우리 남편은 돈도 못 벌어 와서 유행 지난 옷을 입으려니까 정말 창피해 못 살겠다.' 하면서 잘사는 사람과 자꾸 비교하면 불행할 수밖에 없습니다. 남편이 늦잠을 자더라도 감사하게 생각해야 합니다. 일찍 일어나서 밥해 놓고 찬송을 불러 주면 잠에서 깨어날 텐데 '밥을 다 해놨는데도 일어나지 않고 잠만 자는…….' 하고 불평하면 절대로 감사할 수 없습니다. 행복할 수 없습니다. 이기적인 생각은 절대로 만족함이 없습니다. 남편없이 힘들게 살아가는 분을 생각하면 남편이 누워 있는 것이 얼마나 감사한 일입니까? 이른 새벽부터 남대문 시장에 나가 앉아 있는 많은 여인들을 생각하면 참 감사할 뿐입니다.

세상에 살면서 가진 것이 없다고 낙심하거나 열등감을 가져서는 안 됩니다. 룻은 아무 것도 없는 여인이었지만 보아스의 밭에서 감사함으로 이삭을 주우면서 은혜를 받았습니다. 사사기 6장 15절에서 기드온은 "주여 내가 무엇으로 이스라엘을 구원하리이까 보소서 나의 집은 므낫세 중에 극히 약하고 나는 내 아버지 집에서 가장 작은 자니이다."라고 했습니다. 그러나 작은 자로 말미암아 사는 길이 열렸습니다.

과거에 한국이 IMF 경제 위기를 당했을 때는 사실 그것이 무엇인지 잘 몰랐습니다. '그냥 불경기겠지.', '조금 노력하면 회복되겠지.'라고 생각했습니다. 그런데 하루, 이틀 지나면서 그런 것이 아님을 우리가 알게 되고, 인간의 힘으로는 해결할 수 없는 국가적인 재난이요 위기인 것을 깨닫게 되었습니다.

우리는 하나님께서 은혜와 긍휼로 이 민족을 치료하시면 우리가 소생함을 얻고 회복될 줄로 믿고 하나님 앞에 더 많이 기도했습니다. 역대하 7장 14절에 "내 이름으로 일컫는 내 백성이 그들의 악한 길에서 떠나 스스로 낮추고 기도하여 내 얼굴을 찾으면 내가 하늘에서 듣고 그들의 죄를 사하고 그들의 땅을 고칠지라." 라고 말씀하셨습니다. 악한 길에서 떠나라는 것입니다. 우리가 잘못된 길에서 떠나 스스로 겸비하고 하나님 앞에 기도하면 하나님께서 그 모든 기도를 들으시고, 우리의 죄를 사하시며 이 땅의 문제를 해결해 주시겠다는 말씀입니다.

세계를 주름잡다가 지금은 몰락하고 멸망 당한 나라가 얼마나 많습니까? 오늘 잘산다고 우리가 끝까지 잘살리라는 생각을 해서는 안 됩니다. 부모는 잘살았지만 자식들이 가난할 수 있고, 전에 호화로운 집에 살던 사람이 전셋집에 살게 될 수도 있습니다. 세상 모든 권력의 마지막은 똑같습니다. 인간은 인간일 뿐입니다. 세상에서의 영광은 결국 떠나갑니다. 힘은 없어지는 것입니다. 영원할 수 없습니다. 어떤 권력이든지 잠깐입니다. 권력을 가졌을 때 겸손해야 합니다. 권력이 있을 때 자신을 위해서가 아니라 하나님을 위해서 사용해야 합니다.

못된 심령을 버리게 하소서!

미국에 이민 가는 분들에게는 처음 3년이 고비라고 합니다. 이

3년 동안 버려야 할 이민 생활의 ABC가 있다고 합니다.

첫 번째는 '체면'을 버려야 합니다. '내가 이런 것을 어떻게 해?', '내가 누군데?' 이런 생각을 가지면 안 된다고 합니다. 그곳에서는 무엇이든 해야 한다고 합니다. 가장 밑바닥에서부터 무엇이든 할 수 있다는 자세를 가져야 합니다. 막노동도 해야 합니다. 식당 종업원도 해야 합니다.

우리 교인 한 분은 기업체 사장으로 있다가 이민을 갔는데 부둣가에서 막노동을 하면서 그곳에서 잠을 자고 음식을 먹었다고 합니다. 그는 흑인들과 몇 년 동안 같이 지내면서 미국을 배우고 그곳에 뿌리를 내리게 되어 지금은 큰 사업을 하게 되었습니다. 체면만 차려서는 안 됩니다. 지금 미국에서 목회하시는 목사님께서 저에게 들려준 이야기입니다. 목사님이 목회만 해서는 도무지 살 수가 없어서 사모님은 간호사로 일하고 목사님도 병원에서 청소를 했다고 합니다. 또 다른 목사님도 남는 시간에는 남의 집 마당의 잔디를 깎아 주며 산다고 했습니다.

두 번째로 버려야 할 것은 '묵은 명함'이라고 합니다. '옛날에 내가 누구였는데.'라는 생각을 버려야 합니다. 내가 어디에 있었고 학력이 어떻다는 것은 여러분의 앞날에 걸림돌이 되고, 성장을 막는 가시덩굴이 될 뿐입니다. 소망을 가진 미래지향적인 사람이 되어야 합니다. 과거에 집착해서 마음의 문을 닫고 갇혀 지내는 인생이 되어서는 안 됩니다. 꿈을 갖고 넓은 대륙으로 갔다면 지난날을 버리고 열심히 일하며 나아갈 때 승리할 수 있습니다.

세 번째로 버려야 할 것은 '나쁜 성격'이라고 합니다. 못 참는 성격, 못 보는 성격, 못 듣는 성격을 버려야 합니다. 조금이라도 언짢은 소리를 들으면 화를 내고 속상해하는 것은 자기 집안에서나 통하는 것이지 직장에서 통할 일입니까? 사회에서 통할 일입니까? 더구나 남의 나라에서 통할 일입니까? 안 됩니다. 이것은 버려야 합니다. 우리는 참아야 합니다. 기다려야 합니다. 감사하는 마음으로 열심히 살아야 합니다.

이민 생활과 마찬가지로 자신을 크게 볼수록 믿음 생활은 어려워집니다. 그러나 자신을 작게 보면 주님이 크게 보이기 마련입니다. '나는 죄인이다.' 할 때에 의로운 주님을 보게 될 것이고, '나는 부족하다.' 할 때에 완전하신 주님을 만나게 됩니다. 우리가 신앙생활을 하게 되면 잘난 것도 버려야 하고 못난 것도 버려야 합니다. 잘난 것도 예수님 앞에서는 아무 의미가 없지만, 또 못난 것으로 인한 열등감 때문에 주님을 만나지 못하는 일이 있어서도 안 됩니다. 우리는 가난해도 우주 만물을 창조하신 주님을 바라보면 그것은 아무 문제되지 않습니다. 우리의 무식함이 문제되지 않습니다. 우리의 질병이 문제되지 않습니다.

마치 강물같이 흐르는 생수 앞에 선 우리의 목마름은 문제가 아니듯이 우리가 주님만 바라보고, 주님만 의지하고 나아가면 우리의 모든 죄와 허물과 부족함을 해결하게 될 줄 믿습니다. 하나님을 믿는 것이 힘입니다. 하나님을 의지하는 것이 힘입니다. 인간은 하나님 앞으로 나와야 합니다. 인간이 다 아는 것은 아닙니다. 우리 위에는 하나님께서 계십니다. 오직 그의 도우심으로, 그가 주신 축복으로 우리의 길이 안전하고 평탄하고 형통할 수 있습니다.

인간의 고통은 하나님 외의 다른 것을 의지하는 데서 옵니다. 친구도 너무 믿으면 안 됩니다. 그저 내 이웃일 뿐입니다. 제가 목회하면서 교인들이 친구에게 속아서 피해를 입는 것을 많이 봤습니다. 미국에 살던 어떤 교인이 친구를 따라와서 우리나라에 수백만 불을 투자했다가 사기당하고 알거지가 됐습니다. 돌아갈 항공료조차 없이 빈털터리로 저를 찾아와서는 눈물을 흘리면서 기도 받고 간 일이 있습니다. 친구에게 배신당하는 일들은 수없이 많습니다. 그러니 우리는 하나님만 의지해야 합니다.

성령이여, 역사하소서!

여름에 치는 천둥, 번개는 한 번 칠 때 10억 볼트라고 합니다. 100볼트도 대단한데 서울 시내 다 합쳐도 10억 볼트가 되겠습니까? 그 한 번이 그렇게 무서운 겁니다. 그래서 우리가 피뢰침을 다는 이유도 직통으로 바로 맞으면 살아날 수 없으니 땅으로 연결 짓는 것입니다. 그런데 천둥, 번개가 굉장히 좋은 역할을 한답니다. 공중에 떠 있는 오물들, 떠돌아다니는 미세한 수많은 균들이 한 번 번개가 치면 다 죽는다고 합니다. 10억 볼트니 안 그렇겠습니까? 그래서 하나님은 이 모든 자연을 정화시키는 일을 하십니다. 비가 올 때도 이것들을 씻어 냅니다. 눈이 와도 씻어 냅니다. 바람도 전부 그렇게 합니다. 바다에 태풍도 안 일어나면 안 된다고 합니다. 왜냐하면 태풍이 몇 년 만에 한 번씩 일어나서 바닷물을 전부 뒤바꿔 바다를 새롭게 하기 때문입니다.

그럼 우리 마음은 누가 새롭게 합니까? 우리 마음의 태풍, 번개는 누가 칩니까? 성령이 아니고는 절대로 우리 마음이 씻어질 수 없습니다. 마음속 저주받은 어둠의 세력을 누가 치료해 준단 말입니까? 주님 앞에 기도하고 회개하지 않을 때 우리 마음은 점점 더 오염되어 결국 더욱 불행해집니다.

포스코의 박태준 명예회장은 정권이 바뀌면서 온갖 부끄러움을 당하고 명예가 땅에 떨어졌습니다. 결국에는 만신창이가 되어 사람들의 이목을 피해 미국으로 건너갔습니다. 하루하루 살아가는 것이 너무 힘들고 잠이 안 오고 견딜 수가 없었습니다. 그러던 중에 그가 친구의 인도를 따라 교회에 나왔습니다. 교회가 무슨 소용이 있느냐고 하던 사람이 예수님을 믿고 은혜를 받았습니다. 은혜를 받고 나니 잠이 안 오고 괴롭고 답답하던 마음이 눈 녹듯 이 사라지고 마음이 그렇게 편할 수가 없었다고 합니다. 인간은 자신의 마음도 스스로 해결할 수 없습니다. 하나님께서 은혜를 주셔야 합니다. 그렇게 마음이 편안해지더니 그 다음에는 몸의 병이 치료되었다고 합니다.

유명한 병원을 다 찾아다녀도 병을 고치지 못했는데, 주님을 영접하고 은혜를 받으니 건강도 회복되었습니다. 또 사람에 대한 증오가 사라졌다고 합니다. 그래서 예수님을 믿고 나서 박 회장 은 원한을 가졌던 분을 찾아가서 먼저 사과하고 악수를 청했습니 다. 이 모든 것이 은혜를 받아야 가능한 일입니다. 은혜를 받아야 내 문제도 해결되지만, 너와 나 사이의 막힌 담도 은혜라는 교량 이 있어야 다시 연결되는 것입니다. 부모와 자식 간에도, 부부간 에도, 형제간에도, 친구 간에도 평생 맺힌 것을 풀지 못하고 사는 분들이 얼마나 많은지 모릅니다. 은혜가 있어야 합니다.

오늘날 현대인들의 마음에 드리워진 온갖 저주와 어두움을 걷 어 내는 길은 한 가지뿐입니다. 우리 안에 주님의 은혜가 임해야 합니다. 여호와 하나님을 경외하고 그 품 안에 안길 때에만 병든 심령을 고칠 수 있습니다. 육적으로 아무리 건강해도 마음이 병 든 사람은 영원히 죽는 병에 걸리게 됩니다. 이 병을 고칠 사람은 아무도 없습니다. 오늘 우리 인간을 새롭게 하기 위해서 교육, 문화, 복지 시설 등 얼마나 좋은 것들이 많습니까? 그래도 사람이 점점 더 나빠지는 것은 잘못된 인간성의 회복은 사람이 고칠 수 없는 일이기 때문입니다. 오직 하나님만이 하실 수 있습니다. 성령께서 역사하실 때 우리의 인간성은 회복됩니다. 이제는 내가 아닌 더 넓은 공동체에 눈을 돌리게 됩니다. 심령이 변화된 사람은 가정, 교회, 사회, 세계로 영향력을 미칩니다. 여러분의 삶에도 그런 변화가 일어나시기를 바랍니다.

: chapter 2 :

새벽에 가정을 회복하라

여섯 번째, 형제간에 화목게 하소서!
일곱 번째, 어머니를 바로 세워 주소서!
여덟 번째, 서로 용서하는 가정이 되게 하소서!
아홉 번째, 가정 교육의 기초인 신앙을 세워 주소서!
열 번째, 온 가족이 함께 기도하게 하소서!

모든 것의 출발, 가정

교회가 처음 시작된 곳도 가정입니다. 마가의 다락방에서 교회가 출발했습니다. 초대 교회들도 전부 가정에서 시작됐습니다. 하나님께서는 우리의 가정을 귀히 여기시고 축복하십니다. 오늘날 많은 사람들이 이 사회를 지상의 낙원으로 만들어 보겠다고 온갖 노력을 다하지만 그것은 불가능합니다. 정치를 아무리 잘해도 지상 낙원은 이뤄질 수 없습니다. 경제적으로 아무리 잘 살아도 이 땅에 낙원이 펼쳐질 수 없습니다. 그러나 이 세상에서 가정만은 낙원이 될 수 있습니다. 가정 천국이 이루어지는 것은 하나님의 약속입니다.

현대는 위기의 시대라고 이야기합니다. 상실의 시대입니다. 모든 것을 잃어버린 시대에 우리가 살고 있습니다. 부모의 권위가 상실되었고 오랜 전통들이 다 무너져 버렸습니다. 스승의 권위, 지도자의 권위가 땅에 떨어졌습니다. 그뿐만이 아닙니다. 도덕성이 상실되었습니다. 우리가 항상 지키고 소중히 여기던 도덕과 윤리가 무너져 가고 있습니다. 인간성이 상실되었습니다. 인간이 동물처럼 잔인해져 가고 있는 것입니다. 올바른 가치관이 상실되었습니다. 전통적 가치는 이제 휴지 조각같이 버려지고 있습니다.

가장 큰 상실은 바로 가정의 상실입니다. 가정이 파괴되고 파탄에 이르렀습니다. 가정은 평화의 동산이며 사랑과 기쁨을 나누는 곳이고 위로가 있는 곳인데 이러한 것들이 모두 사라져 가고 있는 것입니다. 우리나라뿐 아니라 선진국들도 이미 오래 전부터 그렇게 되었습니다. 가정의 위기와 붕괴는 전 세계가 다 같이 직면한 현실입니다. 미국은 제2차 세계 대전이 일어난 후부터 가정의 위기를 맞게 되었습니다. 이혼율이 엄청나게 증가하여 1980년대에 와서는 50%에 이르렀고, 반복되는 재혼과 이혼으로 더 큰 어려움에 빠져들고 있습니다.

오늘 우리가 겪고 있는 사회 문제들은 대부분 가정이 건전하지 못하고, 제 역할을 다하지 못하기 때문에 발생합니다. 가정의 붕괴가 개인의 삶과 사회를 오염시키고 있습니다. 부모님의 사랑을 받으며 자라야 할 자녀들이 가정을 벗어나 방황하거나 타락의 길을 걷고 있습니다. 사랑의 둥지가 무너졌는데 어떻게 잘 자랄 수 있겠습니까? 가정을 잘 지키시기 바랍니다. 가정을 위해서 눈물을 뿌리며 간절히 기도하시기 바랍니다.

형제간에 화목게 하소서!

저는 자식들에게 유언을 한다면 세 가지를 하겠습니다. 평상시에도 자주 하는 이야기입니다.

첫째, 평생 예수를 잘 믿어라. 여호수아가 말한 것처럼 여호와를 너희 하나님으로 삼아서 하나님만 잘 경외하라는 것입니다.

둘째, 교회에 잘 다녀라. 왜 그렇습니까? 성도가 교회를 떠나면 죽습니다. 성도는 교회를 다니며 은혜를 받고 살기 때문입니다.

셋째, 형제끼리 화목해라. 그보다 더 좋은 것이 없습니다. 사랑으로 서로 뭉치면 어떠한 어려움이라도 넉넉히 감당할 수 있습니다. 한자어 협동協同에서 '협協'은 돕고 힘을 합한다는 뜻이 있습니다. 서로 힘을 모으는 것입니다. 서로 힘을 합하면 놀라운 일이 일어납니다. 행복합니다. 형제끼리 서로 화목하고 사랑하는 것보다 더 좋은 일이 어디 있겠습니까?

지금 우리나라 경제계에 어려운 일들이 많이 있습니다. 밖으로부터 오는 어려움도 있지만 안으로부터의 어려움도 많습니다. 왜 그렇습니까? 집안에서 형제끼리 화목하지 못했기 때문입니다. 우리나라의 큰 재벌 가운데 동생이 형을 소송해서 형제끼리 서로 싸우는 기업이 있습니다. 아버지가 큰 기업은 물려주었지만 화목하게 하는 사랑은 물려주지 않은 것입니다.

성경은 뭐라고 말합니까? "채소를 먹으며 서로 사랑하는 것이 살진 소를 먹으며 서로 미워하는 것보다 나으니라" 잠 15:17. 황소를 잡아먹을지라도 다툼이 있다면 채소를 먹으며 화목 하는 것보다 훨씬 못하다고 합니다. 텃밭의 상추라도 나누어 먹으며 화목하게 살아가는 것보다 더 좋은 일은 없습니다. 사람의 행복이 고기를 먹는 데 있는 것이 아닙니다. 좋은 옷에 있는 것도 아닙니다. 지위에 있는 것도 아닙니다. 얼마나 넓게 손을 잡고 살아가는가? 이것이 그 사람의 축복이요, 가정의 축복이요, 사회의 축복입니다.

어머니를 바로 세워 주소서!

저희 집은 원래 불신자 집안이었는데, 어머니가 제일 먼저 교회를 다니셨습니다. 외가댁도 믿는 분이 없고 친척들 중에도 예수 믿는 분이 없었습니다. 그리고 제가 사는 곳이 깊은 산골이었습니다. 세계 제일 산골이라고 말해도 될 만큼 아주 외진 곳이었습니다. 서울에서 기차 타고 일곱 시간, 버스타고 세 시간, 걸어서 세 시간을 가야 저희 마을이 나옵니다. 그렇게 깊은 산골에, 주변에는 동장도 없고 면 서기도 없는, 아무도 알아주지 않는 산골에서 하나님이 은혜를 주셔서 저희 어머니가 일찍이 교회를 다니셨습니다.

어머니는 딸을 아홉이나 낳으셨고 아들은 저 하나였습니다. 아들을 낳았는데 도무지 살릴 자신이 없으셨답니다. 전염병도 많고 의료 혜택도 부족한 곳에서 살릴 수 있는 길이 전혀 보이지 않았습니다. 그래서 아들 하나를 낳았는데 어떻게 하면 살리겠느냐 물으니까 예수 믿고 교회 나가면 산다는 이야기를 들으셨습니다. 우리 어머니는 즉시 저를 업고 온종일 걸어서 교회까지 가셨습니다. 주일 새벽에 저를 업고 열심히 교회에 가면 예배가 시작되고, 예배 마치고 집에 오자마자 저녁을 지으셨습니다. 그렇게 교회에 가는 데 한나절, 오는 데 한나절 해서 하루를 지냈다고 합니다. 아무도 믿는 사람이 없는 저희 가정에서 어머니 한 분이 예수님을 믿게 된 것입니다.

가정의 축복은 어머니로부터 시작합니다. 어머니가 어떤 어머니가 되느냐, 어머니가 가는 길이 어디냐, 어머니가 어디에 사랑과 소망을 두고 사느냐, 어디를 향해 땀을 흘리느냐가 그 가정의 앞날을 좌우합니다. 가정만이 아닙니다. 이 나라의 앞날도 마찬가지입니다. 세계의 앞날도 마찬가지입니다. 그래서 하나님께서는 어머니에게 중요한 일을 맡겨 주셨습니다. 그래서 저희 교회에서 어떤 교육보다도 구역장 교육을 귀히 여기는 것은 이런 저의 경험에서 우러나온 것입니다.

재산도 없고, 배경도 없고, 배운 것도 없고, 전혀 길이 없지만 어머니가 하나님을 향해 나가는 그 길을 찾으니 모든 다른 길은 저절로 열리는 것을 체험했습니다. 어머니 한 분이 만 가지 축복을 가정으로 불러 들이셨습니다. 어머니 한 분이 비참한 가정을 존귀한 가정으로 만들어 주셨습니다. 가난한 가정을 부유한 가정으로 만들어 주셨습니다.

물론 집안에서 아버지나 남편이 잘하면 좋지만 못해도 괜찮습니다. 왜냐하면 어머니가 어떻게 하느냐가 중요하기 때문입니다. 저희 아버지는 직업 때문에 밤에는 주로 집에 안 계셨습니다. 그래서 일 년 내내 아버지를 만나기 어려웠습니다. 저희 집은 가난했는데 땔감 나무도 없고 먹을 것도 없었으며 괭이, 호미조차 없었습니다. 더 마음 아픈 것은 호롱불에 기름이 없는 것입니다. 기름 한 되만 사면 6개월은 족히 쓸 수 있었습니다. 그래서 저녁이 되면 제가 이웃집에 다니면서 기름을 빌려다가 호롱불에 쓰고, 수저가 없어서 수저를 빌려 밥을 먹고, 밥그릇이 없어서 밥그릇을 빌려다가 밥을 먹었습니다. 저희 집은 전부 빌렸습니다. 제가 얼마나 동네 사방에 빌리러 다녔는지 모릅니다.

그러나 어머니는 한 가지를 잘하셨습니다. 한 가지 일에 전심 전력을 기울이셨습니다. 한 가지 일만큼은 남에게 뒤떨어지지 않으셨습니다. 그것은 기도였습니다. 하나님을 위해 열심을 내셨습니다. 아무리 어려워도 성미는 반드시 드렸고, 기도하고 주의 종을 섬기는 것은 교회에서 어머니가 가장 잘하셨습니다. 이런 어머니 덕인지 저희 아버지도 복을 받으셔서 지금 서울에서 저와 함께 살고 계십니다. 이처럼 아버지가 잘하셔도 좋지만 못하셔도 괜찮고, 재산이 있으면 좋지만 없어도 괜찮고, 도시에 살면 좋지만 시골이어도 괜찮고, 가정 환경이 풍족하면 좋지만 어려워도 괜찮습니다. 더 중요한 것은 어머니가 어떻게 했느냐는 것입니다.

저도 어머니의 영향을 많이 받았고 어머니를 참 좋아합니다. 특별히 어머니를 사랑합니다. 그래서 교회에서 냉장고를 해주었을 때 어머니를 드렸습니다. 교회에서 텔레비전을 해주었을 때도 어머니를 먼저 드렸습니다. 저를 위해 고생하시고 핍박과 가난, 환난 가운데 저를 영적으로 키워 주시고, 기도의 유산을 물려준 어머니의 학위는 이 세상이 주는 학위와 비교할 수 없습니다.

제가 1970년대에 장로회신학대학을 다닐 때, 행당동 무학교회에서 저에게 저녁 예배 설교를 부탁했습니다. 학생이 그런 교회에 가서 설교하기 어려운데 당시 그 교회 장년 낮 예배 출석하는 교인이 700명 정도 되었습니다. 제가 설교하러 강단에 올라가니 떨려서 말이 안 나왔습니다. 교회도 크고 사람도 많았습니다. 저녁 설교를 하고 나니 교회에서 사례금을 주는데 제가 한 달 받는 것보다 더 많이 주었습니다. 얼마나 감사한지 그걸 가지고 몽땅 시장에 가서 어머께 드릴 것만 샀습니다. 어머니 내의를 사고 편지를 적었습니다. '어머니, 제가 오늘 서울의 큰 교회에 가서 저녁 예배 설교했어요. 어머니 조금만 더 계시면 제가 나중에 큰 목사가 될 거예요.'

저는 어머니의 은혜로 목사가 되고, 어머니께서 가르쳐 주신 대로 열네 살 때부터 객지에 나왔지만 술 한 잔 안 먹고, 담배 하나 입에 물어 본 적이 없고, 곁길로 춤 한번 춰본 적이 없고, 다른 길로 연애편지 한번 써본 적이 없었습니다. 어머니가 가르쳐 주신 대로 했기 때문입니다. 새벽 기도도 어머니가 걸어가신 그 길을 따라가려고 한 것입니다.

서로 용서하는 가정이 되게 하소서!

오늘 현대인들이 집안을 잘 꾸며 놓은 것 같지만 내가 꾸민 것만 보기 때문에 답답합니다. 창문을 열고 만군의 하나님이 만드신 온 우주와 세계를 바라보십시오. 나만 바라보고 세상만 바라보면 슬프고 괴롭습니다. 주님이 인도하시는 발걸음, 주님이 함께하시는 발걸음, 주님이 동행하신 과거를 뒤돌아보면 모두 아름답기 그지없습니다. 주님의 사랑뿐입니다.

그런데 우리가 과거를 들춰낼 필요가 없습니다. 과거를 잊어버리십시오. 특별히 나쁜 과거를 들춰내지 마십시오. 부부 사이에 행복의 비결은 미래를 얘기하는 것입니다. 소망을 가지십시오. 아픈 과거, 잘못된 과거를 들춰내지 마십시오. 어떤 분은 처갓집까지 다 들춰내는 분이 있습니다. 왜 들춰냅니까? 나와 너만 이야기하십시오. 미래를 이야기하십시오. 오늘 내가 당신을 사랑하고 당신이 나를 사랑하면 그만입니다. 나는 오늘에 대해서 감사하고 미래에 대해서 무한한 감사함으로 살아가는 것입니다. 성공하는 나라, 발전하는 나라의 문화는 언제나 미래 지향적입니다. 과거에 매여 있지 않습니다.

과거에 매이지 마십시오. 지난날은 이야기하지 마십시오. 형제간에 모여도 지난날을 말하지 마십시오. 미래를 이야기하십시오. 남녀전도회, 구역 예배에 모여서 과거를 말하지 마십시오. 미래를 말하십시오. 명절이 되면 우리나라는 가정불화로 인해 사고가 많이 납니다. 설이나 추석 명절을 보십시오. 형제가 서로 죽이는 일이 일어납니다. 부모와 자식 사이에 서로 때리고 죽입니다. 생일 때나 명절에 가정불화가 일어나는 이유를 아십니까? 모여서 과거 이야기를 하기 때문입니다.

과거 초등학교 때 형제가 싸웠던 것을 형제가 모여서 또 이야기합니다. 술 한 잔 하고 언제나 그 이야기를 하는 것입니다. 이제는 과거 이야기가 아니라 소망을 가지고 우리 아이들이 공부 잘하여 큰 인물이 될 것을 이야기하십시오. 우리가 잘되고 있는 이야기를 하십시오. 그래야 건강한 사회가 됩니다. 신앙생활이 건강하게 됩니다. 그래야 배가 앞으로 가는 것이지 묶인 배가 되어서도 안 되고 거꾸로 가서도 안 됩니다. 역사의 앞을 향해 나가던 아브라함의 신앙, 다윗의 신앙, 야곱의 신앙, 예수 그리스도의 삶을 따라가는 모습이 되어야 합니다.

가정 교육의 기초인 신앙을 세워 주소서!

미국이 복 받는 이유가 어디 있습니까? 왜 미국이 잘 삽니까? 왜 세계를 이렇게 지배합니까? 미국인이 인물이 좋고 머리가 좋아서 그렇습니까? 아닙니다. 정치를 잘해서 세계를 다스립니까? 아닙니다. 정치도 아니고, 경제도 아니고, 군사력도 아닙니다. 미국이 강하고 좋은 나라가 된 것은 대통령 취임식을 하는 것을 보면 알 수 있습니다. 그것은 다름 아닌 신앙의 기초가 잘 다져져 있다는 것입니다.

미국 대통령이 취임하는 날 먼저 대통령과 가족들과 모든 장관들이 교회에 가서 예배를 드립니다. 이것이 무엇을 말하는지 아십니까? 바로 기본이 잘 되었다는 것입니다. 대통령이 되면 교회를 우습게 아는 경우가 있습니다. 세계에서 가장 높은 자리라 불리는 미국 대통령이 되어도 교회에 가서 무릎을 꿇는 사람은 교회를 무시하지 않습니다. 어떤 사람은 안하무인으로 조금만 잘되면 눈 아래 보이는 것이 없습니다. 그래서 교회를 무시하는데 미국 대통령은 그렇지 않습니다.

두 번째, 예배를 귀하게 생각합니다. 자녀들에게 예배를 귀하게 생각하는 기본을 가르치십시오. 저는 어려서부터 부모님한테 배워서 새벽 기도 나갈 때는 칫솔질하고 머리 감고 깨끗하게 해서 갔습니다. 제가 비록 시골 사람이지만 하나님 앞에서 예배드린다고 했을 때는 정말 단정하게 했습니다. 제가 어렸을 때는 우리 마을에서 양말을 신은 사람이 별로 없었습니다.

어느 날 돈이 생겨서 장에 나가 나일론 양말을 샀습니다. 그러면 아버지가 아이가 무슨 양말을 신느냐고 나무라셨습니다. 그래서 저는 교회 갈 때마다 비상수단을 강구했습니다. 저희 집 처마 끝에 새집이 있었습니다. 초가집에는 처마 끝에 새가 들어가서 잠자는 구멍이 뚫린 곳이 있습니다. 저는 거기에 양말을 숨겨 두고 언제나 교회 갈 때는 그걸 빼서 교회 밖에서 그걸 신고 들어갔습니다. 왜냐하면 하나님 앞에서 양말도 안 신고 예배드릴 수는 없다는 마음가짐 때문이었습니다. 하나님 앞에서 예배를 드리는

데 어떻게 맨발로 갈수 있느냐는 마음이 들었습니다. 자녀들에게 가르칠 때도 교회에 가서는 단정히 하고 앞줄에 앉아 말씀을 잘 들으라고 가르치십시오.

기본을 잘 가르치십시오. 기초만 잘 가르치면 절대로 불행하지 않습니다. 예를 들어 '인격적으로 진실해라.' 그러면 감옥은 안 갑니다. 미국 대통령이 얼마나 기초가 잘 된 사람입니까? 바쁘면 교회 안 가도 되고, 누가 그날 나가라고 하는 법도 없는데 스스로 나갑니다. 그래서 온 나라가 거기에 맞춰 움직이는 것입니다. 무엇이든 자기가 하기에 달린 것입니다. 취임식을 하는데 목사님이 나와서 미국 대통령을 위해서 기도합니다. 참으로 멋진 광경이 아닐 수 없습니다. 기본이 잘 되어 있는 사람, 나라는 이렇게 축복을 받습니다.

온 가족이 함께 기도하게 하소서!

이 세상에는 참 보기 좋은 광경이 많습니다. 아이들이 방긋 웃는 모습이라든지, 서로 짐을 지며 언덕을 올라가는 오누이의 모습, 아빠가 아이들을 업고 놀아 주는 모습 등 생각만 해도 미소 짓게 하는 광경이 많습니다. 그런데 이런 모습보다 더 감동을 주는 광경이 있습니다. 그것은 이른 새벽에 아빠와 아이가 함께 손 잡고 새벽 기도회에 가는 모습, 함께 앉아서 기도하는 모습입니다. 특히 가장인 아빠가 새벽 기도에 나오는 것은 매우 감동적인 일입니다.

　먼저 아버지가 기도하러 나오고 하나님 앞에 무릎 꿇으면 영적인 질서가 잡히고 가정의 질서도 저절로 잡히게 됩니다. 가정이 건강해집니다. 이것은 참으로 귀중한 진리입니다. 이렇게 귀한 사실을 모르는 사람들을 보면 심히 안타까울 뿐입니다. 이제 저희 교회의 한 남자 집사님의 간증을 소개해 드리려고 합니다. 이분의 부인은 대장암으로 오랜 시간 투병하다가 세상을 떠났습니다. 아내가 떠난 후 그 빈자리가 너무나도 크게 다가왔습니다. 혼자서 두 자녀를 양육하며 모든 생활을 감당해야 했기에 지치고 힘들어 삶을 포기하고 싶은 상태였습니다. 그런 순간마다 아내의 소중함을 알게 되었고 잘해 주지 못한 것 때문에 마음이 아팠습니다.

　그 집사님은 서울 강남의 역삼역에서 포장마차를 하고 있습니다. 일을 하면서도 마음에 괴로움과 슬픔이 사라지지 않았습니다. 그때 주님은 집사님을 부르셨습니다. 명성교회 한 구역장님의 도움으로 명성교회에 등록하게 되었습니다. 예배에 참석하고 설교를 들으면서 주체할 수 없는 눈물을 흘리곤 했습니다. 토요 남자 성경 공부 모임에 참석하면서 은혜를 간구했습니다. 믿음 생활은 세상의 어려움을 다 잊게 했습니다. 그 집사님이 장사하는 곳은 포장마차를 할 수 있는 곳이 아닌데도 늘 주님의 은혜로 할 수 있었고, 장사를 끝내고 구역 예배를 드리면 몸은 피곤하지만 주님이 주신 은혜로 기쁨이 충만했습니다. 심령 부흥 집회 기간 중에 포장마차가 없어져서 장사를 못 하게 되었지만 큰 은혜를 주시려는 뜻으로 알고 열심히 예배를 드렸습니다.

그런데 그 집사님이 장사를 마치고 집으로 돌아오면 아이들이 곤히 자는 새벽 1시가 됩니다. 대충 정리를 하고 2시경에 잠자리에 드는 그 집사님은 새벽 5시에 일어나 새벽 기도회에 갑니다. 그리고 집에 가서 아침밥을 준비하여 초등학교에 다니는 두 아이를 학교에 보내고 나면 산더미 같은 빨래와 청소가 기다립니다. 일은 해도 끝이 없고, 너무나 힘들어 주저앉고 싶을 때면 그 자리에서 하나님께 기도합니다. 어떤 날은 보일러에 기름이 떨어져 두 아들이 차가운 방바닥에서 웅크리고 잠을 잔 적도 있고, 반찬이 없어 간장에다가 밥을 비벼 먹은 적도 있습니다. 엄마 없는 아이들의 모습을 보면서 한없이 눈물을 흘렸습니다. 하지만 그 집사님은 오늘도 변함없이 새벽 기도회에 참석하고 있습니다. 그럴 때마다 주님께 위로를 받고 교역자들이 심방할 때도 많은 위로를 받습니다.

이처럼 집안에서 남편이, 아버지가, 가장이 변화되어야 합니다. 아버지가 주도적으로 새벽 기도회를 나가면 모든 식구들이 함께 나가게 됩니다. 새벽 기도가 집안 전체의 모토가 된 가정은 흔들리지 않습니다. 온 식구가 새벽에 간절히 기도하는 가정은 주님의 은혜와 위로가 넘칠 것입니다.

오늘날 많은 가정이 병들어 있습니다. 겉모양이 깨끗한 과일도 썩은 곳이 있듯이 가정과 국가도 겉모양은 아무 문제가 없는데 안이 깊이 썩은 곳이 있습니다. 야곱의 가정도 안에 심각한 문제가 있었습니다. 야곱은 딸이 하나였고 아들이 열둘이었는데, 이 형들이 동생 요셉을 애굽에 팔았습니다. 야곱의 형들은 들에서 양 떼를 치면서 성격이 거칠어지고 이방인과 다름없는 불의한 삶을 살고, 시기와 질투심이 하늘까지 이르러서 결국 이렇게 악한 일을 저질렀습니다. 그러나 요셉은 하나님을 알았습니다. 하나님을 깊이 섬겼습니다. 그는 어린 나이에 형들에 의해 애굽 땅에 팔려 갔고, 그곳에서도 감옥에 갇혔습니다. 그러나 그 이후에는 애굽 땅의 총리가 되었습니다. 요셉의 삶을 보면 계속 이방 신의 환경에서 살았다는 것을 알 수 있습니다. 그렇다면 언제 하나님을 섬기는 신앙을 갖게 된 것입니까? 바로 부모 품에 거할 때부터였습니다. 부모가 신앙의 기본을 세워 준 것입니다.

병든 가정, 위장된 가정, 불의한 가정, 하나님을 떠난 악한 가정, 이러한 야곱의 가정에 하나님께서 요셉을 통해 은혜를 주셨습니다. 애굽의 총리가 돼서 그 나라를 건지고 가정을 회복하여 하나님 앞에 새로운 가정으로 일어서게 하셨습니다. 하나님께서 은혜를 주시면 이런 복된 가정을 이루게 됩니다. 우리 모두 우리 가정을 새롭게 해야 합니다. 우리 교회를, 이 시대를, 이 나라를 새롭게 하는 저와 여러분이 돼야 할 줄 믿습니다.

chapter 3

새벽에 교회를 세워 가라

열한 번째, 본질적 사명을 깨닫는 교회가 되게 하소서!
열두 번째, 주님이 주인 되는 교회가 되게 하소서!
열세 번째, 낮은 자를 섬기는 교회가 되게 하소서!
열네 번째, 서로 하나 되는 교회가 되게 하소서!
열다섯 번째, 민족의 등불이 되는 교회가 되게 하소서!

제가 살던 산골 마을에 주님의 교회가 세워지면서 저는 교회를 사랑하고 교회의 품 안에서 자라나 교회를 섬기는 종이 되었습니다. 교회를 통해 넘치는 은혜를 받았습니다. 저의 기도 제목은 다윗과 같이 '나를 주의 전에서 쫓아내지 마시고'였습니다. 이것이 가장 큰 축복이기에 언제나 기도 제목이 되었습니다. 오늘도 이 기도 제목은 변치 않습니다.

신약의 교회는 구약의 성전과 비교할 수도 없는 하나님의 아들 예수 그리스도의 몸입니다. 주님은 피 흘려 교회를 세우셨습니다. 바울은 교회에 대하여 "이 비밀이 크도다."^{엡 5:32}라고 말하고 있습니다. 교회가 얼마나 귀한가, 교회가 얼마나 아름다운가, '이

비밀'을 알기까지는 오랜 세월이 흘러야 하는 것입니다. 교회는 하나님이 함께 거하시는 거룩한 동산입니다. 우리의 신앙생활은 교회를 중심으로 돌아갑니다. 그러므로 새벽에 우리는 무엇보다 하나님의 교회를 세우는 일에 앞장서야 합니다. 눈물을 흘리며 교회를 위해 기도해야 합니다.

본질적 사명을 깨닫는 교회가 되게 하소서!

오늘 교회는 무엇을 하는 곳입니까? 시대의 흐름에 따라 함께 움직이는 교회들도 있습니다. "요새는 환경 문제가 아주 심각하니 교회가 앞장서서 이런 일을 해야 하지 않느냐?"라고 말하는 교회도 많습니다. 들어 보면 옳은 것 같지만 그렇지 않습니다. 제가 1970년에 서울에 올라왔는데 그때는 한강 물이 얼마나 깨끗했는지 모릅니다. 한강에서 고기를 잡아 그 자리에서 회를 쳐서 고추장에 찍어 먹고, 그 강물로 밥을 해먹었습니다. 지금 수돗물보다 훨씬 깨끗했습니다. 그러나 그런 이야기들이 지금은 다 옛날 이야기가 돼 버렸습니다.

도덕성 문제도 사회의 쟁점이 되고 있습니다. "부모도 죽이고 자식도 죽이고 부부간에도 죽이고 사회가 이렇게 타락해 가고 있는데 교회가 좀 나서야 되지 않겠느냐?"라고 합니다. 그것도 중요한 일 같지만 그렇지 않습니다. 어떤 분들은 "농촌이 지금 다 죽어 가는데 농촌을 위해서 교회가 일해야 하지 않겠느냐?"라고 합니다. "농촌의 수백만 농민들이 지금 절망 가운데 빠져 있는데 누가 이들을 위해서 일하겠느냐?"라고 말합니다. 이 이야기만 들으면 농촌을 위해서 교회가 당장 앞장서야 할 것 같습니다. 어떤 분들은 남북문제가 심각하지 않느냐, 민주화가 가장 중요하지 않느냐, 교육 문제를 이대로 두어도 되겠느냐고 합니다.

교육 문제, 도덕 문제, 농촌 문제, 이런 것들은 교회가 해야 할 주된 일이 아닙니다. 이런 일을 하기 위해서 교회를 세운 것이 아닙니다. 예수님은 이 땅에 오셔서 33년 동안 계시면서 어떤 단체도 만들지 않으셨습니다. 어떤 연합 기구도 만들지 않으셨습니다. 도덕성 회복을 위해 일하지 않으셨습니다. 농촌을 위해 일하지 않으셨습니다. 가난한 자를 위해 구호 단체를 만들지 않으셨습니다.

기독교는 문제 자체를 보지 않습니다. 문제가 어디에서 왔는지 근원을 찾는 것입니다. 이 모든 문제들이 어디에서 생겼는지 뿌리를 찾는 것입니다. 뿌리를 뽑지 않으면 언제나 순이 올라오는 법입니다. 모든 문제든 뿌리를 알고 잘라 내면 문제가 쉽게 해결됩니다. 이렇게 근본적인 문제를 치료하는 것이 교회의 사명이요, 기독교의 사명인 줄 믿습니다.

기독교는 이 모든 인간의 문제, 사회의 문제, 국가의 문제가 우리의 잘못된 영혼으로부터 왔다고 봅니다. 우리 영혼이 하나님을 떠나 길을 잃고 타락해서 악하고 불의한 길을 걸어갑니다. 우리가 하나님 앞에 죄를 지음으로 개인과 가정과 사회와 국가가 어려워지고 있다고 성경은 말합니다. 문제가 영혼에 있다는 것입니다. 영혼이 잘되면 모든 것이 잘되는데, 우리 영혼이 하나님을 떠난 것이 문제입니다.

아담과 하와가 죄를 지음으로써 우리 영혼이 버림받게 되었습니다. 그러면 왜 아담과 하와가 죄를 지었습니까? 마귀가 죄를 짓게 했습니다. 그래서 우리의 대적은 바로 마귀입니다. 마귀로 말미암아 죄가 오고, 죄로 말미암아 영혼이 타락하고, 길을 잃어버린 영혼이 원치 않는 일을 합니다. 사도 바울이 말한 대로 마음은 원이로되 육신이 약하여 마음은 원치 않지만 죄악이 우리를 주장해서 죄의 길로 빠져 들어가고, 우리에게 불행과 파멸, 고통이 오게 되었습니다.

우리가 영혼의 문제를 해결하려고 아무리 노력해도 그 배경에는 죄가 있기 때문에 인간의 힘으로 해결할 수 없고, 죄를 아무리 안 지으려고 해도 죄를 짓게 주장하는 자가 마귀이기 때문에 죄에서 벗어날 수 없습니다. 이 문제를 해결하기 위해 예수님께서 이 땅에 오셨습니다. 그리고 예수님께서 이 문제를 해결하셨습니다. 마귀와 싸워 사단의 세력을 멸하시고, 우리의 죄를 위해 십자가에 못 박혀 돌아가시고, 우리를 위해 부활하심으로써 영원히 죽을 수밖에 없는 우리를 죽음에서 건져 주셨습니다.

여기에 모든 문제를 해결할 열쇠가 있습니다. 바로 이 민족이 사는 길입니다. 하나님 앞으로 돌아와 예수를 믿어야만 환경 문제, 청소년 문제, 교육 문제가 해결됩니다. 땅에 떨어진 도덕성도 회복되고, 빈부격차가 해소되는 등 모든 문제가 해결될 줄 믿습니다. 예수님께서는 모든 것을 해결하십니다. 죄와 마귀를 그대로 두고 문제를 해결하려는 것은 극히 부분적인 응급 처치에 지나지 않습니다. 교회는 이와 같은 인간의 근원적이고 본질적인 문제를 해결하는 곳임을 잊어서는 안 됩니다.

새벽에 우리는 사회와 국가를 위해서 기도해야 합니다. 도덕성의 회복을 위해서, 교육 문제의 해결을 위해서, 남북통일을 위해서, 농촌과 도시의 균형 있는 발전을 위해서 기도해야 합니다. 하지만 먼저 이런 일들의 근원적인 뿌리인 인간의 죄악을 해결하기 위해서 기도해야 합니다.

우선 우리 자신부터 회개합시다. 내 안에 있는 죄악을 뿌리 뽑기 위해 주님께 매달립시다. 인간의 죄의 문제를 선결하지 못하면 희망이 없습니다. 그리고 인간의 배후에서 인간에게 해악을 끼치는 마귀를 대적합시다. 마귀의 역사를 묶어 달라고 기도해야 합니다.

주님이 주인 되는 교회가 되게 하소서!

'교회'라는 단어는 신구약에서 모두 그 의미가 같습니다. 구약의 히브리어로는 '카할'이라고 하는데, 이것은 여호와의 총회, 하나님이 함께하시는 거룩한 모임을 의미합니다. 또 신약의 헬라어로는 '에클레시아'라고 하는데 '에크'는 '어디로부터'의 의미이고, '클레시아'는 '부름 받은 무리'라는 뜻을 담고 있습니다. 그러므로 이것을 합하면 '세상으로부터 부름 받은 무리'라고 말할 수 있습니다.

그러므로 교회는 하나님의 부름을 받은 사람들로서 이 부름을 받은 사람이 회원이 될 수 있습니다. 부름은 최고의 은혜요 축복입니다. 누구를 부르실지는 모릅니다. 그래서 로마서 9장에 보면 하나님이 마음대로 부르신다고 말씀합니다.

> "하나님의 뜻이 행위로 말미암지 않고
> 오직 부르시는 이로 말미암아 서게 하려 하사"
>
> | 로마서 9:11 |

하나님께서는 토기장이와 같이 당신의 뜻대로 부르시는데 거기에는 도덕적인 기준이 없다는 것입니다. 부름에 대한 절대적인 권한에 대해서 논하지 말라고 성경은 말합니다. 그래서 우리는 부름을 받은 것 자체에 감격하고 흥분하고 감사해야지 누구를 부르고 안 부르고의 여부에 대한 불평이 있을 수 없습니다.

그러므로 부르심에 우리는 반드시 '아멘'으로 응답해야 합니다. 구약에서 출애굽한 교회나 신약의 사도행전에서 시작되는 오늘의 교회는 다 같이 거룩하신, 전능하신 창조주 하나님에 의해서 부름을 받고 그 부름에 아멘으로 화답한 사람들의 모임입니다. 이들은 다 목표가 분명합니다. 부름을 받은 사람들은 모여서 스스로 어떤 목표를 정하는 것이 아닙니다. 목표는 따로 정해져 있습니다. 이스라엘의 구약 교회는 젖과 꿀이 흐르는 가나안을 목표로 하고 있고, 신약의 교회도 천국과 하나님 나라라는 목표가 확실합니다. 여기에 제2의, 제3의 목표를 만들 수 없고, 다수결로 목표를 바꿀 수도 없습니다. 우리를 부르신 영원한 분에 의해 이것은 움직일 수 없는 법으로 정해졌습니다.

우리는 새벽에 기도할 때 무엇보다 교회를 향하신 주님의 뜻이 이뤄지도록 기도해야 합니다. 교회가 교회답게 주님의 뜻을 위해 최선을 다해 봉사해야 합니다. 교회에 맡겨 주신 사명을 남김없이 이뤄 내야 합니다. 이를 위해서는 전 성도들이 간절히 기도하며 부르짖어야 합니다. 그동안 교회가 세상의 빛과 소금의 사명을 올바로 감당하지 못한 것을 회개해야 합니다. 새벽에 교회를 위해 드리는 기도를 하나님은 외면하지 않으실 것입니다.

내 교회는 이 땅에 없습니다. 오직 주님만이 교회의 주인이십니다. 세대가 지나면 큰 교회의 운명이 어떻게 될지 모릅니다. 대형 교회가 한국 교회 전체를 위해서 스스로를 해체하고 한국 교회를 살리는 역할을 해야 한다고 생각합니다. 한 알의 밀알처럼 큰 교회가 죽으면 사회에 큰 영향을 미칠 수 있습니다. 새벽에 우리는 주님이 진정 주인이 되는 교회가 되게 해달라고 부르짖어야 합니다.

우리가 조금만 기도하지 않고 방심하면 사단이 틈타 목회자와 성도들을 시험합니다. 내가 교회의 주인이라는 생각을 은연중에 불어넣습니다. 우리는 이런 사단의 시험을 단호히 물리쳐야 합니다. 시험을 이기려면 오직 기도하고 간구하는 수밖에 없습니다. 주인이 되시는 주님께 우리를 다스려 달라고 기도해야 합니다.

낮은 자를 섬기는 교회가 되게 하소서!

신약 성경을 보면 예수님은 우리들을 천국의 운동장에 초대해서 내가 너희들과 함께하고, 너희들을 위해서 내가 왔고, 너희들이 나에게 가장 소중한 백성이라고 말씀하십니다. 주님 앞에 부름 받아 주와 함께 뛰는 선수가 누구입니까? 성경에는 소경과 앉은뱅이, 사람들에게 버림받은 문둥이와 귀머거리 그리고 죽은 자와 가난한 자, 이렇게 여섯 가지로 이야기합니다.

주님은 교회를 세워 주시고 교회에 귀한 사명을 맡겨 주셨습니다. 교회는 누구를 위해 있습니까? 누구를 위해 종이 울리는 것입니까? 교회는 어떤 사람들의 천국입니까? 교회는 바로 앉은뱅이, 소경, 귀머거리, 각색 병이 들어 버림받은 사람들이 나와서 뛰는 곳입니다. 그런 사람들이 예수님을 만나 기도하고 믿음으로 살 때에 기적을 얻고 고침을 받고 새사람으로 변화를 받으며 축복을 받는 곳이 바로 교회입니다. 교회는 힘이 없는 사람에게 힘이 돼야 합니다. 가난한 자에게 양식이 돼야 합니다. 우는 자를 위로해 주는 곳이어야 합니다. 문둥병자, 각색 병 들린 자, 천한 자, 오갈 데 없는 자들이 나와서 은혜를 받고, 앉은뱅이가 왔다가 지팡이와 들것을 버리고 걸어 나가는 곳이 바로 교회여야 합니다.

예수님은 일생 동안 궁궐에 가 보신 적이 없으십니다. 돈 많고 화려한 옷을 입은 사람도 주변에 없었습니다. 거룩하고 깨끗하고 정결한 사람들은 예수님을 가까이하지 못했습니다. 귀신 들린 사람, 문둥병 걸린 사람, 버림받은 불쌍한 창녀들이 주님의 주변에 모여 주님과 함께 자고 먹으면서 살았던 것을 볼 수 있습니다.

"예수께서 온 갈릴리에 두루 다니사
그들의 회당에서 가르치시며 천국 복음을 전파하시며
백성 중에 모든 병과 모든 약한 것을 고치시니
그의 소문이 온 수리아에 퍼진지라 사람들이 모든 앓는 자

곧 각종 병에 걸려서 고통당하는 자, 귀신 들린 자, 간질하는 자,
중풍병자들을 데려오니 그들을 고치시더라."

| 마태복음 4:23, 24 |

교회는 고아가 하늘에 계신 하나님 아버지와 만나는 집입니다.
교회는 과부가 남편 되시는 예수 그리스도를 만나는 집입니다.
슬프고 답답하고 죄악으로 상처받은 분들이 보혜사 성령님을 만
나서 기쁨을 얻으며, 새사람으로 변화를 받으며, 회개하고 천국
을 향해 걸어가는 곳이 교회입니다. 교회는 있는 자를 위해 존재
하지 않습니다. 권력과 정권, 힘 있고, 능력 있고, 부족함이 없는
자들이 쉬는 곳이 아닙니다. 모든 것을 가진 사람은 교회에서 만
족할 수 없습니다.

하나님이 없는 사람, 이기적인 사람은 아무리 많이 가져도 만
족함이 없습니다. 여기 가도 저기 가도 만족함이 없습니다. 육으
로는 만족할 수 없습니다. 그래서 잠언 27장 20절에는 "스올과 아
바돈은 만족함이 없고 사람의 눈도 만족함이 없느니라."라고 했
습니다. 만족하려고 교회에 나와서는 안 됩니다. 있는 분이 더 가
지려고, 잘사는 분이 더 잘살려고, 높은 분이 더 높이 되려고 교
회에 나와서는 안 됩니다. 교회는 있는 자가 대접받는 곳이 아닙
니다. 힘없는 자에게 항상 자리를 내주는 곳이 교회입니다. 우리
는 예수님처럼 약한 자의 친구가 되고 이웃이 되어야 합니다. 마

태복음 9장 12절에서 예수님은 "건강한 자에게는 의원이 쓸 데 없고 병든 자에게라야 쓸 데 있느니라."라고 말씀하셨습니다. 또 13절에서는 "나는 의인을 부르러 온 것이 아니요 죄인을 부르러 왔노라."라고 말씀하셨습니다. 예수님은 이렇게 약한 자를 위해 평생 살아가셨습니다.

제가 가장 즐기는 취미가 장보는 것입니다. 어디를 가든지 꼭 재래시장을 둘러보는데, 물건을 조금씩 갖다 놓고 파는 노점상 아주머니들을 보면 참 안타까운 마음이 듭니다. 그래서 저는 그 분들에게는 에누리하지 않습니다. 뭐든지 사 가지고 옵니다. 당신은 그런 분들을 한번이라도 생각해 본 적이 있습니까? 하루하루를 얼마나 어렵고 힘들게 살아가는지 모릅니다. 저녁에 지쳐서 들어오는 그 모습을 한번 떠올려 보시기 바랍니다.

내가 더 잘 먹어야 하고, 내가 더 잘 입어야 하고, 내가 더 잘 살아야 하고, 내가 더 좋은 차를 타야 하는 삶은 어디에서든 절대로 행복할 수 없습니다. 교회에 와도 만족이 없습니다. 아무리 좋은 찬양을 들어도 만족이 없습니다. 아무리 훌륭한 설교를 들어도 만족이 없습니다. 왜 그렇습니까? 욕심으로 살아가기 때문입니다. 섬기지 않고 자기 배만 채우려고 하는 사람은 어떤 것도 맛이 없습니다. 배부른 사람에게 좋은 음식이 어디 있겠습니까? 돈 있는 사람이 만족할 곳이 이 세상에 어디 있겠습니까? 죄밖에 지을 것이 없는 사람입니다. 예수님 없이는 멸망의 길밖에 없습니다.

그렇지 않으려면 섬기면서 살아가십시오. 당신이 도와야 할 불쌍한 이웃들이 얼마나 많습니까? 당신은 많이 배웠습니까? 못 배운 분들을 위해서 섬기십시오. 당신은 건강하십니까? 병든 분을 위해 섬기십시오. 저희 교회에 지체 부자유자를 돌보는 '소망부'가 있는데 활동이 불편한 아이들이 주일에 60여 명이 옵니다. 이 부서에서는 선생님 한 분이 한 아이를 담당하게 됩니다. 일일이 화장실에 데리고 다녀야 하고, 안아 주어야 하고, 가르쳐야 합니다. 그래서 아이들이 60명이면 교사도 60명 이상 필요합니다.

그런데 사회적으로나 가정적으로 환경이 좋은 집사님들이 소망부에서 헌신하며 섬기는 것을 볼 때 얼마나 감격스러운지 모릅니다. 교회는 그런 곳이 돼야 합니다. 교회는 좋은 자동차를 타고 온 사람이 대접받는 곳이 아닙니다. 교회는 좋은 옷을 입은 사람이 대접받는 곳이 아닙니다. 교회는 권력을 휘두르는 곳이 아닙니다. 가장 약한 자들이 와서 주님을 만나고, 그분으로 말미암아 은혜를 받아 천국같이 살아가는 곳이 교회입니다. 교회는 항상 그런 길로 나가야 합니다. 그것이 교회에 주신 가장 큰 축복인 줄 알아야 합니다.

새벽에 우리는 낮은 자를 위해 섬기는 교회의 사명을 다할 수 있도록 전심으로 기도해야 합니다. 교회에서 우리는 서로 사랑해야 합니다. 서로를 불쌍히 여기는 우물이 되어야 합니다.

서로 하나 되는 교회가 되게 하소서!

저희 교회의 새벽 기도의 특징은 어린아이부터 장년에 이르는 전 교인들이 참여하는 것이라고 할 수 있습니다. 또한 예배 순서에도 평신도들의 참여가 적극적으로 이뤄지고 있습니다. 이런 점에서 저희 교회의 새벽 기도는 교회의 모든 것이 동원되는 총동원 예배라 볼 수 있습니다. 새벽 집회 기간에는 전 교역자가 교회에서 합숙하며 기도하고, 집회 전 교회 제직 중 일부가 40여 개 부서에 준비 위원으로 소속되어 영적으로 스스로를 준비합니다. 이것은 일종의 평신도 운동입니다. 수만 명이 모이는 예배가 철저하게 진행되기 위해 매년 저와 평신도가 모두 연합해서 일하고 있습니다.

이런 하나 됨은 사실 저희 교회의 성장과 위기 극복에 큰 역할을 감당했습니다. 새벽 기도가 연결고리가 되어서 명성교회 공동체가 주님을 위해 모이고, 주님을 위한 일에 다 같이 기뻐하고, 참여하고, 일어서고, 앉고, 조화를 이뤄 가게 됐습니다. 새벽 예배가 살게 되니 교회가 건강해지고, 예배가 살아나게 됐습니다. 또한 이를 통해 각 기관들이 활성화되고 성장하는 파급 효과를 가져왔습니다. 그래서 새벽 기도에 은혜를 받은 성도들이 각 기관에서 봉사를 하고 사역을 잘 감당하고 있습니다. 한번은 저희 교회가 본당을 짓고 청소를 위한 용역 인원만 30명을 채용해야 했을 때에도 수요일과 토요일에 1,000여 명의 사람들이 청소에 동참함으로 인건비 문제가 자연스럽게 해결됐습니다.

이처럼 새벽 예배는 우리 모두가 하나 되게 하는 좋은 계기입니다. 교회가 목회자로부터 평신도에 이르기까지 하나 되지 않으면 영향력을 발휘할 수 없습니다. 우리는 교회 안에서 분열을 일으키는 악한 영과 싸워야 합니다. 교회가 분열되고 서로 갈등을 일으키면 가장 좋아하는 것이 사단입니다. 우리는 특히 새벽에 교회의 하나 됨을 위해 기도해야 합니다. 빌립보서에 나온 것처럼 한마음을 품고 하나 되어 일할 수 있도록 기도해야 합니다. 하나님이 우리 모두에게 일치의 영을 주셔서 서로의 다른 점을 인정하고 감싸 안을 수 있도록 기도해야 합니다.

민족의 등불이 되는 교회가 되게 하소서!

틀림없는 것은 우리가 어려움을 겪을 때마다 교회만 든든하게 서 있으면 된다는 것입니다. 파도는 배만 튼튼하면 괜찮습니다. 파도에 대해서는 말하지 마십시오. 교회라고 하는 방주를 바라보아야 합니다. 이 방주가 방주의 사명을 다하고, 든든하고, 평안하고, 부흥하면 아무 문제가 없습니다. 온 교회가 평안하여 든든히 서 가고 성령의 위로로 진행하면 문제가 없습니다. 그러므로 여러분이 사랑하는 교회의 평안을 위해서 기도해야 합니다.

> "예루살렘을 위하여 평안을 구하라
> 예루살렘을 사랑하는 자는 형통하리로다
> 네 성 안에는 평안이 있고 네 궁중에는 형통함이 있을지어다"
>
> | 시편 122:6, 7 |

우리에게 평안이 없을 수도 있습니다. 우리는 괴롭고, 답답하고, 환난이 있고, 정말 마음이 아프고, 낙심이 될 수도 있습니다. 그러나 교회가 평화로우면 교회에 와서 위로를 받고 갑니다. 사람 안에는 본래 평안이 없습니다. 그래서 우리는 상처를 입고 교회에 와서 평안을 얻고 생수를 마시는데, 만일 교회에 평안이 없다면 교회에 와도 괴롭습니다. 나라는 어려움이 있습니다. 사회의 어려움은 늘 이어져 내려옵니다. 그러나 교회가 평화로우면 사회의 어지러움은 다 해결됩니다. 반대로 사회가 아무리 평화로워도 교회가 싸우면 사회가 환난을 당하게 됩니다. 국가가 환난을, 정치가 환난을 당합니다. 야당과 여당이 서로 다투어도 교회가 평화로우면 괜찮습니다. 다 수습이 됩니다. 따라서 교회에 평안이 없으면 무엇 하나 되는 것이 없습니다. 하나님은 절대로 교회가 혼란을 당하고, 어려움 당하는 것을 원치 않으십니다. 사단은 그것을 원하고 있습니다. 따라서 우리 모두는 교회를 든든하게 세우도록 힘써 기도해야 할 것입니다. 교회의 교회 됨을 회복하도록 기도해야 합니다.

요즘 들어 교회에 대한 사회의 지탄이 많습니다. 저는 그러한 지탄은 죽어 가는 사회를 살려 달라는 마지막 구원의 호소라고 생각합니다. 역설적으로 이해할 필요가 있습니다. 그래서 어렵지만 성경대로 사는 구별된 그리스도인이 되기 위한 운동을 펼쳐야 합니다. 교회에 대해 폄하하는 것은 그만큼 교회에 거는 기대가 남다르다는 반증입니다. 그동안 한국 교회는 신앙 공동체에서 사회 공동체로 변모하려고 애썼습니다. 이웃 사랑과 구제에 있어 타종교보다 앞선 것이 사실입니다.

급변하는 21세기에는 많은 사이비 교단들이 생겨나고 있습니다. 사회가 불안하기 때문입니다. 예전에 어떤 사이비 교주가 불을 질러서 신도들과 함께 집단으로 자살한 일이 있었습니다. 세월이 흐를수록 종말론이 더욱 기승을 부립니다. 이 시대를 사는 것이 불안하기 때문에 현실 도피의 수단으로 내세주의를 좇는 사람들이 많이 나옵니다. 특히 우리나라에는 사이비 종교가 얼마나 많은지 모릅니다. 참으로 안타까운 일이 아닐 수 없습니다.

당신이 민족의 미래를 준비하는 가장 지혜로운 방법은 하나님의 성전을 귀히 여기는 것입니다. 하나님 앞에 젊어서 충성하면 노년에 큰 은혜를 받습니다. 당신이 성전에서 봉사한 일에 대한 열매를 나이 든 후에 다 거둘 수 있도록 하나님께서 책임져 주십니다. 젊고, 힘이 있을 때에 하나님의 성전에서 우리에게 맡겨 주신 거룩한 일에 충성을 다해야 합니다. 새벽에 일어나 성전을 찾는 당신에게 민족의 미래가 달려 있습니다. 새벽에 고요히 민족의 앞날을 위해 기도하는 당신이 민족을 살리는 원동력입니다.

chapter 4

새벽에 사회를 섬기라

열여섯 번째, 이 사회의 많은 문제들에 대해 긍휼히 여기게 하소서!
열일곱 번째, 외로운 이웃들에게 더욱 적극적으로 다가가게 하소서!
열여덟 번째, 밤의 문화를 낮의 문화로 바꾸어 주소서!
열아홉 번째, 이 민족이 하나님을 떠나지 않도록 하소서!
스무 번째, 미래의 인재들을 올바로 양육하게 하소서!

물질주의와 세속적인 문화에 유혹을 받는 성도들의 삶과 교회 안의 위기에서 균형을 잃지 않고 온전하게 전진할 수 있는 방법은 기도의 끈을 놓지 않는 것입니다. 성도들의 삶은 밤의 문화에 익숙하고, 점점 세속화되어 가는 세상에 노출되어 죄악 앞에 무력해지기 쉽습니다. 교회는 이런 사람들에게 새벽 집회를 통해 영적 능력과 에너지를 공급하고 이를 통해 교인들이 영적 싸움에서 승리할 수 있게 해줍니다.

음란 문화와 세속주의로 개인과 가정이 붕괴되는 시기에 새벽 기도는 항상 매일매일의 옷깃을 여미게 하고, 영적으로 무장을 시켜 거룩하고 깨끗한 삶을 살게 합니다. 그리고 신앙생활과 삶 속에서 승리하며 본을 보이는 귀한 시간이 됩니다. 이런 과정에서 생기는 교회의 교회다움과 성도의 성도다움이 한국 사회와 사람들에게도 신뢰를 줌으로써 교회와 성도를 바라보는 시각을 점차 좋아지게 만듭니다. 그리고 그것이 다시 성도들의 긍지와 자부심으로 돌아오게 됩니다. 이렇듯 새벽에 부르짖는 기도는 반드시 사회에 좋은 영향력을 미치는 일로 열매 맺어야 합니다.

이 사회의 많은 문제들에 대해 긍휼히 여기게 하소서!

당신이 이 사회를 바라보면서 기도할 일들이 참으로 많습니다. 울어야 할 일들도 참 많습니다. 당신이 할 일들이 쌓여 있습니다. 이 많은 문제들을, 두려움들을, 죄악들을 인간의 힘으로 어떻게 다 감당합니까? 당신이 이 사회를 변화시킬 만한 조그만 능력이라도 있습니까? 그래서 당신은 하나님 앞에 나와 엎드려 하나씩 하나씩 아뢰며 기도해야 합니다.

새벽에 기도할 뿐 아니라, 말씀으로 무장하고 은혜 체험으로 당신의 신앙을 다져가야 합니다. 그래서 새벽 기도에서 거둔 것을 전부 밖으로 가져 나가 선교하는 데에 사용해야 합니다. 은혜를 받았으면 자신을 희생하고 양보하는 헌신을 통해 이웃과 사회에 기여해야 합니다. 섬김과 나눔은 성경의 기본적 가르침입니다. 사회에 대한 선교는 교회의 본질입니다. 교회가 성장하는 과정에서 선교는 부수적인 것이 아니라, 비전이자 힘의 근원입니다. 장애인 선교, 교정 선교, 병원 선교, 군 선교, 경찰 선교, 문서 선교, 학원 선교, 봉사 선교 등 소외되고 어려운 이웃들을 위해 예수님의 사랑을 실천해야 합니다.

새벽 기도로 얻은 성장과 부흥은 사회를 위해 나눠야 합니다. 저는 새벽에 기도만 한다고 해서 교인들이 고루 성장한다고 생각하지는 않습니다. 말씀으로 무장하고 체험으로 다져져서 새벽 집회에서 거둔 것을 전부 밖으로 가져 나가 선교하고, 생명운동을 일으키는 데 사용하게 해야 합니다. 교회에는 하나님이 주신 능력도 있고 성령님의 능력도 있습니다. 그렇기 때문에 사회에 대해서 할 일이 많습니다. 지금 모두 손을 놓은 일들이 많아서 교회가 할 일이 가중되고 있습니다. 범죄, 청소년 문제, 술집 문제, 마약 문제, 가정 파괴 문제 등을 정부가 해결할 수 있습니까? 아무도 못합니다. 학교 문제와 청소년 문제를 누가 해결합니까? 전부 교회의 몫입니다. 교회가 어떻게 이 일들을 감당할 수 있을까요? 새벽 기도로 무장할 때 이런 일들을 능력 있게 펼쳐 나갈 수 있습니다.

외로운 이웃들에게 더욱 적극적으로 다가가게 하소서!

소외 계층에 있는 어려운 분들을 위해 더 많이 기도해야 합니다. 장애인들, 또 청소년 범죄자들에 대해서도 말입니다. 저는 제일 마음이 아픈 것이 이혼율 증가 때문에 일 년에 만 명 이상이 생 고아가 된다는 사실입니다. 어머니, 아버지의 사랑을 많이 받아야 하는데, 사랑만 받아도 불만이 많은데 얼마나 외롭겠습니까? 저는 이런 애가 집에서, 문 앞에서 기다리고 있는 것을 생각하면 너무 마음이 아파 옵니다. 바로 이들에게 적극적으로 접근해야 합니다. 이들을 교회가 빨리 품어야 합니다. 이런 아이들은 범죄인이 되거나, 탈선하기 쉽습니다. 아이들이 갈 곳이 없습니다. 그래서 교회가 가지고 있는 모든 힘을 낮은 곳, 상처받은 곳, 소외된 곳, 수많은 절망 가운데 있는 그런 분들에게 우리가 적극적으로 더 가까이 가야 한다고 생각합니다.

저는 기독교 교도소 설립에도 관심이 많습니다. 우리 사회의 범죄가 날로 흉포해질 뿐만 아니라, 계층이 없이 주부들이나 어린 학생까지 살인을 저지르는 상황에 이르렀습니다. 청소년 범죄가 일본을 앞서고 있고 교도소가 넘쳐 나고 있다고 합니다. 이런 상황에서 교도소 선교는 뒤로 미룰 수 없는 한국 교회의 과제입니다. 교도소에 갇혀 있는 사람들에게 관심을 갖지 않는다면 교도소 밖에도 평안이 없습니다. 교도소에 갔다 나오면 더욱 깊이 흉포한 범죄 속으로 빠져 들어가는 경향이 짙습니다. 브라질의 경우 재범률이 70%였는데 기독교 교도소 실시 이후 재범률이 7%로 떨어졌다고 합니다. 이 일이 1999년 국회 본회의에서 통과되고 공포되기까지 많은 사람들이 애를 썼습니다. 이 일은 영적 싸움이기에 기독교가 감당해야 합니다. 한국의 교회들이 그동안 개 교회적으로는 많은 일들을 했습니다. 그러나 이런 일은 개 교회가 할 수 없는 연합 사업으로 한국 교회가 해야 할 사회와 나라에 대한 지극히 선한 봉사입니다. 아울러 사람을 변화시키는 선교의 기회로서 교계가 함께 감당해야 하는 일이라고 생각합니다.

밤의 문화를 낮의 문화로 바꾸어 주소서!

예전에 서울 시청에서 말씀을 전한 적이 있습니다. "서울이 영적으로 깨끗한 도시가 되고 세계적인 도시로 면모를 바꾸기 위해서는 윤락가를 척결하고 가득 찬 죄악을 깨끗이 청소해야 한다."라는 요지의 설교였습니다. 그래서 타락한 밤의 문화를 척결하고 아침 문화를 만들어 가야 한다고 역설한 것이지요. 이것은 평소 새벽 기도를 문화 변혁의 도구로 생각하고, 이를 통해 우리가 살고, 교회가 살고, 민족 전체가 살 수 있다는 저의 지론이 반영된 것이기도 했습니다. 그때 전한 메시지를 서울 시장님이 적극적으로 시정에 반영해 주셨습니다. 밤의 문화 배후에 얼마나 조폭들이 많고 장애물이 많겠습니까. 그런데 정부에서 그런 일에 적극적으로 추진하는 것을 보니 고마운 생각이 들었습니다. 새벽 기도는 교회와 교인들이 세속화되는 것을 막고 균형을 되찾도록 하는데 큰 역할을 합니다. 새벽 기도를 통해 시대를 좋은 방향으로 이끌고, 잘못된 시대를 치료해서 좋은 방향으로 이끌 수 있도록 기독교 문화를 확산시켜야 합니다. 세속 문화가 발달할수록 밤의 문화가 발달하며, 이런 타락과 탈선으로 인해 가족이 붕괴되고, 도덕이 붕괴되고, 영적으로 붕괴되어 사회와 나라에 미래가 없습니다. 이를 회복하기 위해서는 우선 영적으로 깨끗한 도시가 돼야 합니다.

로마의 저녁은 조용하지만 관광객이 일 년에 5천만 명 이상이 몰려오고, 예루살렘에는 술집 하나 없지만 모두 방문하고 싶어합니다. 스위스는 저녁이 되면 도로에 차도 안 다닙니다. 모두 집으로 들어가 버리고 조용한데, 이 사회가 지금 세계 경제를 움직이고 있습니다. 그런데 우리나라처럼 밤새도록 술 먹고 집을 뛰쳐나와 탈선하는 길을 가면 나라 전체의 운명이 어둡습니다.

미국 사람이 좋아하는 국기 스포츠가 무엇인지 아십니까? 미식축구, 야구, 농구입니다. 한국 사람이 미국 가서 스포츠 문화에 젖어야 미국 시민이 되고 그제야 미국 사회를 즐길 수 있다고 합니다. 미국에 가면 첫째로 스포츠를 좋아해야 합니다. 우리는 밤의 문화를 좋아해서 밤에 음식 먹고, 자고, 늘어지는 PC방, 비디오방, 찜질방, 노래방 등이 유행합니다. 이것은 우연한 것이 아닙니다. 그런데 미국은 밤에 여는 '방 문화'가 퍼지지 않습니다. 이들은 낮 문화, 야외 문화, 스포츠 문화, 전체가 참여하는 문화를 좋아합니다. 우리도 이처럼 밤에 혼자서 무엇을 하는 문화가 아닌 넓은 공터에서 서로 몸을 부딪치는 스포츠 문화를 발전시킬 필요가 있습니다.

무엇보다 새벽에 일어나 기도로 시작하는 사람들은 진취적입니다. 남보다 먼저 하나님을 만나고 남보다 먼저 하루 일과를 시작합니다. 이처럼 새벽 기도를 통해 우리 사회의 문화가 나 혼자만이 아니라, 더불어 좋은 문화, 긍정적인 문화, 밝은 문화, 부지런한 문화로 바뀌어 가기를 소원합니다.

이 민족이 하나님을 떠나지 않도록 하소서!

새벽 기도는 이 민족을 변화시키는 힘입니다. 세상을 구원하는 마스터키입니다. 새벽 기도는 단지 개인의 영성이 아니라 사회에서도 영향력을 발휘할 수 있는 힘입니다. 이 세상에서 잘못된 문화가 홍수처럼 우리에게 몰려오고 있습니다. 포스트모더니즘, 혼합주의, 퇴폐 문화 등이 우리에게 밀려오는데 주일 낮 예배만 가지고 이겨낼 수 있습니까? 버티어 견딜 수 있습니까? 주일 낮에 나와서 설교 한 번 들었다고 세상의 풍조를 거스르며 승리할 수 있습니까? 불가능합니다.

그런데 새벽 기도는 이 시대를 좋은 방향으로 이끄는 힘이 됩니다. 새벽을 점령하고 나면 자신이 살고, 교회가 살고, 민족 복음화도 이끌어 낼 수 있습니다. 이를 위해 새벽 기도를 개인 영성의 차원에서만이 아닌 대사회적, 거시적 차원으로 이해해야 합니다. 물리학적으로 물체가 운동하면 반드시 저항과 반작용이 생겨나듯이 오늘날의 잘못된 문화와 학문이 그런 역할을 하고 있습니다. 포스트모더니즘과 혼합주의, 퇴폐 문화와 청소년 일탈이 홍수처럼 밀려오고 있는데, 과연 그리스도인들이 주일 낮 예배만 가지고 그 저항들을 이겨낼 수 있느냐는 것입니다.

버텨 설 수 있겠습니까? 흐름을 막아 설 수 있겠습니까? 저기압을 이겨내려면 고기압이 있어야 합니다. 그런데 고기압을 만들어 낼 수 있는 힘은 주일 낮 예배만으로는 부족합니다. 그리고 낮 설교 때 종말론적 설교를 100% 전달할 수 있을까요? 실질적으로 어렵습니다. 그래서 새벽 기도는 잘못된 이 시대를 치료해서 좋은 방향으로 이끌 수 있는 강력한 도구입니다. 새벽 기도를 통해 한국 교회가 침체에서 벗어날 수 있습니다.

새벽 기도에 나오는 사람은 낮 예배 나오는 것이 쉽습니다. 그래서 저는 낮 예배를 강조하지 않습니다. 새벽 기도도 나왔는데 무엇을 못 나오겠습니까? 새벽을 점령하고 나면 자신이 살고, 교회도 살고, 민족 복음화를 이끌어 낼 수 있습니다. 보통 교인이 아니기에 가는 곳곳마다 변화가 일어나고, 증인의 삶을 감당할 수 있습니다. 새벽 기도는 민족 복음화 50%를 이끌어 낼 수 있는 핵

무기 같은 역할을 합니다. 공격적인 무기를 개발할 수 있습니다.

세상에는 종교가 많지만 기독교와 혼합하면 안 됩니다. 기독교를 다른 종교와 같이 생각하면 안 됩니다. 다른 모든 신들은 사람이 만든 신입니다. 사람에 의해서 만들어진 이름입니다. 그러나 여호와 하나님은 사람이 만든 이름이 아닙니다. 하나님께서 야훼라는 이름을 우리에게 가르쳐 주셨습니다. 천지만물을 만드신 하나님 앞에 나와서 그분을 믿고 경외하고 그분의 명령을 따르라고 말씀하셨습니다. 하나님 외에 만물을 창조한 신이 어디 있으며, 인간에게 말씀하시는 신이 어디 있습니까? 우리 하나님은 전능하사 천지를 만드신 창조주 하나님이십니다.

예전에 미국 대통령의 초청을 받아서 조찬 기도회에 참석한 적이 있습니다. 참 감명스러운 것은 예배가 2시간 반이나 진지하게 진행되었다는 점입니다. 대통령 내외, 부통령 내외, 상하 의원이 모두 참석하고 여야의 지도자들과 160개 국가의 지도자들까지 4천 명이 같이 앉아서 예배를 드렸습니다. 플로리다 주 상원 의원이 설교를 하는데 내용은 자기가 은혜 받은 간증이었습니다. 상원 의원 100명이 매주 목요일마다 성경 공부를 한다고 합니다. 그의 간증 내용은 성경 공부하면서 성령을 체험한 이야기였습니다. 늘 불안하고 걱정스럽던 정치인의 마음이 평안한 마음으로 새롭게 거듭났다는 내용이었습니다.

한번은 눈길을 걸어 가는데 위에서부터 마음에 감동이 오더랍니다. "무릎을 꿇고 기도해라." 그래서 무릎을 꿇고 손을 들고 기도하면서 찬송을 불렀는데 찬송할 때 성령님께서 역사하셨습니다. 마음에 큰 기쁨이 생기고 모든 것이 새롭게 보이기 시작했습니다. 그는 풀 한 포기, 나뭇가지 하나가 전부 아름답게 보이는 변화된 삶을 이야기했습니다. 청중이 모두 큰 감동을 받았습니다.

설교가 끝나고 부통령이 나와서 대통령을 위해 기도하고, 대통령은 모든 사람들 앞에 기도를 부탁하였습니다. 솔로몬이 왕이 되었을 때 하나님 앞에 스스로 작은 아이라고 고백하고 지혜를 구한 것처럼 자신은 부족하니 기도로 도와 달라고 했습니다.

그리고 마지막 축도를 위해 빌리 그레이엄 Billy Graham 목사님이 나오실 때는 온 회중이 일어서고 대통령까지 일어나서 3분 이상 박수를 치는 것을 보면서 참으로 축복받은 나라라는 생각을 했습니다. 하나님을 귀히 여기고 잘 섬기면 하나님은 어느 나라든지 형통하게 해주십니다.

여러분은 소련이 망한 이유를 아십니까? 저는 몇 년 전에 국회의 초청을 받아 여야 국회의원들이 모인 자리에서 성탄절 예배를 드린 적이 있습니다. 예배를 마치고 국회의장과 부의장, 여야 총무들과 함께 식사를 했습니다. 그때 국회의장이 인사를 하며 한 가지 중요한 사실을 공개했습니다. 며칠 전 러시아로부터 온 극비 문서가 있는데 오늘 설교를 듣고 은혜를 받아서 이것을 여러분에게 꼭 이야기하고 싶다고 했습니다. 그것은 바로 소련이 망한 뒤에 그 원인을 조사한 결과였습니다.

소련의 최고 지도자 100명이 모여 3년 동안 연구를 했다고 합니다. 과학자, 공산당 지도자, 군사 전문가, 정치가, 경제인, 교육자 등 모든 분야의 전문가들이 함께 모여 소련이 왜 망했는지를 3년 동안 연구했습니다. 나라가 망하려면 전쟁이 일어나든지 안에서 내란이라도 일어나는데 밖에서도 소련을 건드린 나라가 없고 내분도 없었습니다. 그런데도 세계 최강 대국이 무너진 것입니다. 한 사람도 건드리지 않았는데 스스로 무너진 것입니다. 당시 소련이 무너지리라고는 아무도 예상하지 못했습니다. 그런데 왜 무너졌습니까? 원인은 어디에 있습니까? 공산주의자들 100명이 모여 발표했는데 결론은 하나님을 믿지 않았기 때문이라고 했습니다.

하나님을 떠나면 정신적으로 황폐해지고 소망이 없어집니다. 죄에 매이고 부정부패로 타락합니다. 인간관계가 파괴되어 서로 시기하고 질투하고 원망하고 불평하게 됩니다. 하나님이 없는 인간에게는 즐거움이 없습니다. 참다운 기쁨은 하나님을 만날 때만 옵니다. 하나님을 떠난 인간은 꾀밖에 쓸 수 없습니다. 꾀와 수단은 인간을 자승자박합니다. 인간이 가져야 할 참다운 지혜는 오직 하나님께로부터 옵니다. 오직 새벽을 깨우며 하나님의 은혜로 충만한 자들만이 이 시대를 바로잡을 수 있습니다.

그렇다면 우리나라의 문제 해결의 열쇠를 어디에서 찾아야 하는 것입니까? 어느 부처, 어느 장관이 잘못해서 이 나라가 어려워진 것이라고 생각하십니까? 저는 그렇게 보지 않습니다. 큰 풍랑이 하나님께로부터 우리에게 임한 것입니다. 우리 민족이 4,000년 역사에서 가장 잘살게 되었을 때 여로보암 시대와 같이 얼마나 타락하고 불의하고 방탕했습니까? 우리 죄는 어디에 두고 누구를 향해 돌을 던지는 것입니까? 우리 모두 회개해야 합니다. 하나님을 사랑하고, 하나님께서 말씀하시는 10가지 요구를 받아들일 때에 우리는 새로운 민족으로 거듭나게 될 것입니다. 그분을 사랑해야 합니다. 그를 경외하고, 그를 가까이 하고, 마음을 다하고 성품을 다하여 하나님을 섬기면 저 얼어붙은 땅에 새싹들이 돋아나듯이 영적으로 살아나고, 윤리와 도덕이 살아나고, 범사에 모든 것이 살아날 것입니다. 예수 안에는 절망이 없습니다. 아무리 안되는 사람도 하나님 앞에서는 새로운 길이 열립니다.

미래의 인재들을 올바로 양육하게 하소서!

저는 민족 개혁의 실마리를 인재 양성에 둡니다. 그래서 인재를 찾고 그들로 하여금 먼저 기도 훈련을 받도록 합니다. 미래에 이 나라를 이끌 예비 지도자들을 새벽 기도로 훈련시키고자 함입니다. 저희 교회에서는 문화 선교 학교, 인재 양성 학교를 운영하며 앞으로는 대안 학교도 구상하고 있습니다. 스포츠나 예능 분야도 3, 4살 때부터 훈련하는데 기독교만이 그런 훈련을 안 하고 있습니다. 주일에 잠깐 와서 한 시간 예배드리고 가는 아이들이 어떻게 나라의 지도자가 될 수 있습니까? 그래서 우리나라 국회의원 중 3분의 1이 기독교 신자들인데도 자신의 몫을 감당하지 못하고 있습니다. 우리가 그런 교인들을 길러서는 안 됩니다. 가령 국회의원이 되려고 교회 나오는 사람이라면, 그런 사람은 5만 명을 길러도 한국 교회에 도움이 안 되는 것 아니겠습니까?

저희 어릴 때 그런 사람들이 많았습니다. 결혼하려고 교회 나오는 청년들은 결혼하는 것이 목적이니 은혜도 못 받습니다. 그냥 예쁜 자매들이 어디 없는지만 살피는 것입니다. 그들은 교회를 나와도 서로 아무런 도움이 안 됩니다. 결혼하면 교회를 졸업합니다. 우리는 어려서부터 아이들에게 새벽 기도의 영성을 불어넣어 키워야 합니다. 그들이 자라면 이 민족에 변화의 새바람을 일으킬 수 있으리라 확신합니다.

더 나아가 우리가 받은 하나님의 은혜와 축복을 우리만 누리는 데 그치면 안 된다는 각성이 있어야 합니다. 한국 교회에는 하나님이 주신 능력도 있고 성령의 능력도 있지 않습니까? 그리고 교회성장도 있습니다. 하나님께서 이렇게 축복해 주실 때에 우리는 그것을 잘 활용해야 한다고 봅니다. 하나님이 주신 것이기 때문입니다. 우리가 새벽 기도로 얻은 성장과 부흥은 한국 교회를 위해서 다 나눠야 합니다. 많은 것을 씨 뿌리듯 뿌려 줘야 합니다.

그런데 이 많은 축복과 성령의 충만함을 받은 사람이 그 영광을 자신만 누린다면 그것은 받는 데까지는 성공을 했지만, 관리자로서는 실패한 것입니다. 성령의 능력을 받았다고 해서 그것에 만족하고 자신을 더 이상 돌아보지 않으면 엘리사의 제자 게하시처럼 됩니다. 한국 교회는 축복받고 그것을 관리하는 사명을 잘 감당해야 합니다. 모든 것은 받은 후가 어렵습니다. 받은 다음 관리를 잘해야 합니다. 받지 않았을 때는 관리가 필요 없습니다. 챔피언도 아닌데 관리가 필요하겠습니까? 그러나 능력을 받은 다음에는 그 능력에 대한 관리가 어렵습니다. 하나님의 능력을 받은 다음에는 철저하게 자기를 희생하고, 자기를 양보하고, 자기는 모든 영광의 무대에서 사라져야 합니다. 그래야 무대가 끝이 납니다. 그러나 한국 교회는 목회에 성공하면 그 교회에서 끊임없이 길이길이 영광을 받으려 하고, 주신 물질의 축복을 대대손손 누리려 합니다. 내게 주신 물질은 내 시대에 사명을 다해서 한국 교회에 주신 물질로 남김없이 써야 합니다. 마찬가지로 지금 누리는 교회의 축복은 100년, 200년 영광을 누리려고 하면 안 됩니다. 여기서 끝나야 합니다. 적당하게 끝내야 하고, 이 주신 축복을 한국 교회를 위해서 사용해야 합니다. 그것의 첫째가 인재 양성입니다. 사람을 길러야 합니다. 사람을 많이 길러서 자기 교인을 기르는 게 아니라, 많이 길러서 각 분야별로 전부 진출시켜야 합니다. 선교사로 파송해야 합니다. 그래서 좋은 하나님의 지도자들이 더 많이 나와야 합니다. 그러한 인재에게 기도의 영성을 심어주면서 키워야 합니다.

저는 우리나라를 보면서 여러 가지로 기도하고 고민하는 일들이 많습니다. 엄청난 경제 성장으로 수출이 증가했습니다. 온 나라의 도로가 자동차로 가득 차 있습니다. 국민들은 흥청거리며 먹고 마시고 있지만, 이 나라는 사망의 그늘에 앉아 있고 위장되어 있습니다. 어느 분야 할 것 없이 엄청난 죄악 속에 파묻혀 있습니다. 부정부패, 황금만능주의, 사치와 향락, 한탕주의, 권력만능주의가 판을 치고 있습니다. 같은 죄를 지어도 이 나라 죄인, 강도는 더 잔인하고 악랄합니다. 우리가 겉으로는 선진국 대열을 향해 가고 있는 것 같지만 여호와는 중심을 보십니다. 하나님 보시기에는 우리는 밑바닥에서 벗어나지 못하고 있습니다.

저는 우리나라에도 새로운 시대가 와야 한다는 생각을 하면서 고민하고 기도합니다. 우리나라에도 언제 하나님께서 요셉 같은 사람을 보내주셔서 이 나라가 바로 설 수 있을까 하는 생각을 합니다. 단 한 사람, 요셉을 통해 역사하시는 장엄하고도 감격스런 길을 기억하시기 바랍니다. 아브라함, 이삭, 야곱까지는 믿음을 지키고, 믿음의 길을 닦고, 하나님께 순종하여 믿음의 큰 복을 경험한 가장으로서 복이 한 집에 머물러 있었으나 요셉은 온 세계를 향해 봉사하고, 인류 전체를 구원하는 예수 그리스도를 닮은 그림자로서의 삶을 살아 하나님의 영광을 크게 드러냈습니다.

새벽에 기도하는 사람이 지도자가 되어야 합니다. 정말로 새벽을 깨우며 주님 앞에 겸손히 엎드려 기도할 수 있는 사람이 이 사회를 정화시킬 수 있습니다. 이스라엘 백성이 어려울 때 하나님께서 레위 집안의 한 어린아이를 탄생시키셔서 이스라엘을 구하셨습니다. 베들레헴의 작은 마구간에서 터진 울음 소리가 온 인류의 울음을 잠재웠습니다. 이처럼 하나님의 역사는 굉장한 곳에서 일어나는 것이 아니라 한 가정에서, 한 어머니가 출산한 아이를 통해 일어납니다.

그러므로 여러분 한 분, 한 분의 자리가 대단한 자리가 될 수 있습니다. 여러분 한 사람의 변화가 시대를 개혁하고 사회를 바로잡을 수 있습니다. 우리 자신을 개혁하면 자연히 이웃에도 개혁이 살아납니다. 이 나라의 앞날은 그리스도인들이 어떻게 사느냐에 달려 있습니다. 새벽을 깨우는 부지런하고도 영성이 깊은 성도들이 늘어날 때 이 민족의 앞날에 하늘로부터 큰 은혜가 임할 것입니다. 여러분 모두가 세계를 품고, 세계를 향해 봉사하고, 세계에 하나님의 영광을 드러내는 삶을 사는 그러한 복이 함께하시기 바랍니다.

: chapter 5 :
새벽 눈물

Again, 1907년 대부흥을 바라본다.
다시, 새벽 대부흥을 꿈꾼다!
기도는 한마디로 이것이다!

Again, 1907년 대부흥

한국 교회가 1907년의 대부흥을 맞은 지도 벌써 100년이 넘었습니다. 한국의 오순절 성령 운동이라 일컬어지는 1907년 '대부흥 운동'은 평양 장대현교회에서 1,500여 명의 성도로 시작되어 오늘날의 1,200만 명이라는 한국 교회의 놀라운 부흥 성장의 밑거름이 되었습니다. 이 성령 운동의 힘은 조국의 해방과 더불어 물밀 듯이 밀어닥친 내우외환의 위기 속에서 나라의 근대화와 교회가 부흥할 수 있었던 원동력이 되었습니다.

그러나 지금 한국 교회는 1990년대를 전후로 성장이 점차적으로 감소하기 시작해 급기야 마이너스 성장을 하게 되었습니다. 하지만 성령 운동의 가장 중요하고 궁극적인 목적이 그리스도의 지상 명령인 세계 선교 사명의 완수에 있다고 볼 때 아무리 시대적, 상황적 변화가 있더라도 하나님의 계획에 맞추어 한국 교회는 다시 한 번 부흥의 불길을 일으켜야 할 의무를 갖고 있습니다.

이에 발맞추어 교계의 곳곳에서 21세기에 대부흥을 다시 한 번 일으켜 보자는 목소리가 터져 나오고 있습니다. 그렇다면 대부흥의 실마리를 어디서 찾을 수 있을까요? 저는 그 해답이 새벽 기도의 활성화에 있다고 생각합니다. 한국 교회의 새벽 기도의 기원은 한국 교회의 대부흥 운동과 밀접한 관련이 있습니다. 길선주 목사님이 한국 최초로 평양에서 시작했던 새벽 기도가 평양 대부흥의 직접적 동기가 되었던 것입니다. 특히 열정적인 기도는 한국 교회의 특징이 되었습니다.

그런데 여기서 우리가 하나 주목해야 할 사실이 있습니다. 그것은 한국 교회 최초로 새벽 기도를 인도했던 길선주 목사님은 개인들의 죄의 회개는 물론 고난의 민족사를 걱정하면서 새벽 기도를 했다는 사실입니다. 그냥 기도한 것이 아닙니다. 민족과 나라를 위해 기도했습니다. 한국 기독교인들은 개인적으로 지은 죄를 생각해도, 민족의 운명을 생각해도 이 세상 어디에도 호소할 길이 없었기 때문에 하나님께 호소했던 것입니다. 그들이 개인과 나라의 운명을 하나로 생각했다는 점이 의미심장한 점입니다. 그런데 1907년 평양에 있었던 성령 강림 사건은 민족의 위기 상황을 극복하기 위한 교인들의 회개 운동이었습니다. 이 점이 중요합니다. 부흥은 회개로부터 출발하기 때문입니다. 그리고 회개를 통해 민족의 고난에 참여한 신앙적 민족 운동으로 승화되었습니다. 또한 민족의 고난 속에서 신앙을 연단하고 영적인 성장을 가능케 하여 한국 교회 부흥의 원동력이 되었습니다. 바로 새벽 기도를 통한 개인의 회개와 중생이 민족을 살리는 구국 운동으로 이어진 것이 한국 교회의 위대한 전통이자 유산입니다. 우리가 이 전통을 21세기에 되살려야 하지 않겠습니까?

다시, 새벽 대부흥을 꿈꾼다!

100여 년 전 일어났던 평양 대부흥 운동은 새벽 기도가 직접적인 계기였습니다. 그리고 거기에는 우리 신앙의 선배들의 기도 열정이 있었습니다. 저는 이러한 열정들이 계속 되어야 한다고 봅니다. 계속 부흥이 일어나야 합니다. 1907년 평양 장대현교회에서 '나는 아간이올시다.'라고 공개적으로 회개한 길선주 목사님의 외침이 100년이 흐른 지금 가장 절실히 필요한 때라고 생각합니다. 다시 그 의미를 되새기면서 이 땅에 강한 성령의 역사가 일어나기를 바랍니다. 그래서 새벽 부흥을 일으키자고 촉구하는 것입니다. 그리고 이렇게 진정한 부흥이 일어나는 곳에는 사회적 변화와 교회성장의 열매가 따르게 됩니다.

저는 이러한 새벽 기도 운동의 비전이 우리 민족뿐 아니라 전세계에 전달되기를 기도하고 있습니다. 새벽 기도가 한국의 농촌에서부터 미국, 프랑스까지 전해지기를 꿈꿉니다. 프랑스 파리에도 한국 교회의 새벽 기도를 가지고 가서 붐을 일으킨 사례가 있습니다. 필리핀 사람이 한국의 새벽 기도를 배워서 지금 교인이 만 명이 넘는 교회를 만들었습니다. 미국에서도 성공한 사례가 있습니다. 한번은 필라델피아에 가는 길에 한 교회를 들렀습니다. 한국의 새벽 기도를 배워 간 목사가 풋볼 경기장을 인수했는데 십여 년 만에 어마어마한 교회로 성장한 것을 보고 왔습니다. 저는 새벽 기도의 힘이 그만큼 크다는 것을 느꼈습니다. 새벽 기도에는 인종도 국경도 없습니다. 오직 역사하시는 하나님의 능력만이 있습니다.

기도해야, 정말 많이 해야 우리 민족이 삽니다!

사실 우리나라는 4,000년 동안 중병에 걸린 민족입니다. 이런 병은 간단하게 기도해서 해결 받을 문제가 아닙니다. 심각한 문제입니다. 저도 집안에 조상 대대로 내려오는 마귀가 저를 얼마나 넘어뜨리려고 하는지요. 저는 적어도 한 10년 이상은 거의 금식하다시피 지냈습니다. 몇십 년 동안 끊임없이 기도의 줄을 붙잡고 매일 눈물을 펑펑 쏟으면서 손수건을 몇 개씩 적셔야만 집으로 돌아왔습니다. 그렇게 몇십 년이 지나서야 저의 문제가 해결됐습니다. 머리에서부터 발끝까지 영적으로 성한 곳이 없는 이 나라를 어떻게 해결할 수 있습니까? 오직 하나님만이 해결하실 수 있습니다. 적극적으로 야곱처럼 매달리는 사람과 교회에게 하나님이 복을 내려 주십니다. 그것만이 아닙니다. 성령님은 작게는 우리 개인을, 크게는 나라를, 더 크게는 우리 나라의 온 교회를, 세계 교회를 부흥시켜 주십니다. 힘을 주십니다.

우리 민족이 지금 이곳에서 홀로 남아 있으려면 하나님으로부터 특별한 은혜를 받지 않으면 안 됩니다. 주변의 강대국들은 마냥 평화 공존을 생각하고 있지 않습니다. 수단과 방법을 가리지 않는 민족 사이에 우리 민족이 있습니다. 위로부터 하나님의 도우심을 받지 않고, 하나님이 함께하시지 않으면 안 됩니다.

기도가 무기입니다. 새벽부터 하나님께 나오는 믿음을 가질 때 사명감과 부지런함이 생깁니다. 저도 예수 믿고 나니 저절로 부지런해지는 것을 체험했습니다. 이웃을 사랑하게 되고, 정직해집니다. 우리가 물건 하나를 만들어도 세계적으로 경쟁하는 국가가 되려면 성실해야 합니다. 창의력이 있어야 합니다. 생명력 있는 기독교, 그 기독교의 정신으로 돌아가면 우리가 발전할 수 있는 요소를 다 찾을 수 있습니다. 성경 안에 다 있습니다. 날마다 듣는 그 메시지 안에 다 있습니다.

우리는 말할 수 없는 은혜와 사랑으로 이 민족과 한국 교회를 여기까지 인도해 주신 하나님께 감사해야 합니다. 저주와 가난, 무지와 우상 숭배에 빠져 소망이 없던 이 나라에 100여 년 전 선교사들이 들어와서 복음을 전해줌으로써 이 땅의 모든 정치, 경제, 사회, 문화가 살아나고 오늘의 풍요로운 삶이 주어지게 되었습니다. 어느 나라, 어느 민족이든 복음이 선포되고 교회가 세워지는 곳에 하나님께서는 번영과 축복을 베풀어 주셨습니다. 그동안 한국 교회는 놀라운 성장을 거듭함으로 온 세계의 주목을 받아 왔습니다. 짧은 기독교 역사임에도 불구하고 오늘날의 열매와 결실이 주어지게 된 데에는 새벽부터 흘린 눈물의 기도와 성령 부흥의 역사가 있었습니다.

꼭 잊지 말아야 할 새벽의 은혜

새벽은 하나님께서 우리를 사랑하셔서 찾아오시는 시간대입니다. 그래서 새벽은 하나님을 만날 수 있는 황금 시간대입니다. 하나님께서 사무엘을 찾아와 그를 부르셨던 것처럼 끊임없이 우리들, 우리 교회, 우리 민족을 새벽에 깨워 주시고 불러 주셨습니다. 저는 오직 하나님께 감사할 뿐입니다. 복음성가 '실로암'의 가사는 바로 저의 고백입니다.

"오 주여 당신께 감사하리라 실로암 내게 주심을
나에게 영원한 이 꿈 속에서 깨이지 않게 하소서."

제 소원은 하나님께서 새벽에 저를 깨워 주시고, 새벽에 주를
가까이할 수 있는 은혜를 주시는 것입니다. 하나님은 새벽 시간
을 통해 제게 많은 은사를 주셨습니다. 새벽 강단에 올라서기만
하면 힘이 나고 말씀이 솟아나고 용기가 솟구치기 때문입니다.
또 새벽은 눈물의 단비가 내리는 시간이었습니다. 그 눈물을 돌
아보면 10대의 눈물은 회개의 눈물이었고, 20대에는 감사의 눈
물, 30대에는 고난의 눈물, 40대에는 성령께서 눈물샘을 열어주
셔서 울려고 하지 않아도 눈물이 저절로 솟아나는 눈물의 홍수
속에서 살았습니다.

새벽 기도를 통해 그동안 만나를 풍성히 먹여 주신 주님께 참
으로 감사드립니다. 그리고 아이부터 노인에 이르기까지 새벽의
물결을 일으키며 여러 모양의 홍해를 건너오신 성도들과 저의 동
역자인 부목사님들의 수고에 진심으로 감사합니다.

우리가 꼭 한 가지 잊어서는 안 될 것이 바로 새벽입니다. 어려
울 때도, 기쁠 때도 주님이 우리를 기다리시는 새벽을 기억해야
합니다. 언젠가 이 땅이 어두워 캄캄해질 때도 우리는 환히 밝아
오는 새벽을 소망하는 그리스도인이 돼야 합니다. 우리 함께 새벽

예배, 새벽 찬양, 새벽 기도를 영원히 하나님께 올려 드립시다.

기도는 한마디로

제가 말을 너무 많이 한 것 같습니다. 마지막은 조용하게 끝마치고 싶습니다. 우선 목회부터 저는 이렇게 하고 싶습니다. 팬텀기가 수직 상승하는 것처럼 곧장 쭉 올라가는 목회는 바람직하지 않다고 생각합니다. 성공적인 목회자는 자연법칙처럼 그냥 열매를 맺었다가 마지막에는 잎이 다 떨어지듯이 조용히 사라지는 것입니다. 목회자 자신이 성공을 안 해야 목회가 성공한다고 생각합니다. 이름 없이 열심히 일하다가 자기 자취를 감추는 목회를 해야 한다고 생각합니다. 큰 교회 목사가 큰 교회 목회를 하고 유명하게 이름이 나는 것보다는 잔잔히 자기 자리를 비우는 것이 좋다고 봅니다. 열심히 일하고 마지막 클라이맥스를 우리는 장엄하게 하지 말고, 조용하게 해야 합니다. 이것이 제가 생각하는 아름다운 목회의 마지막입니다.

한번은 제가 새벽 기도에 대해서 설명하고 있는데, 누군가가 이런 질문을 했습니다. "목사님, '기도는 한마디로 이것이다.'라고 말씀하실 수 있나요?" 그래서 저는 한마디로 대답했습니다.

"기도는 눈물입니다!"

기도는 하나님 앞에서 눈물을 흘리는 것입니다. 이렇게 이야기
하는 지금도 눈물이 흐릅니다. 우리의 기도는 꼭 소리 안 내도,
꼭 눈물이 정말 흐르지 않아도 그냥 하나님 앞에서 '사랑합니다,
사모합니다, 회개합니다.' 라고 고백하는 것입니다. 그럼 이것이
다 눈물이라고 생각합니다. 저는 이것이 바로 기도라고 생각합니
다. 새벽에 이러한 눈물의 기도를 드리는 여러분이 되시길 소망
합니다.

part 4 ... **새벽 기도의 비전**

1. **새벽 기도는 우리의 가장 깊은 내면을 변화시킨다.**
   새벽에 먼저 심령을 바꿔야 한다.
   건강한 마음, 감사와 겸손으로 무장해야 한다.

2. **새벽 기도는 가정에 새로운 활력소를 준다.**
   깨어져 가는 가정이 증가하는 지금, 새벽 기도는 가정을 바꾼다.
   온 가족이 용서하고 기도하는 화목한 가정으로 변화되어야 한다.

3. **새벽 기도는 주님의 교회를 갱신하는 능력이 있다.**
   교회는 주님이 친히 피값으로 세운 곳으로서 주님의 몸이다.
   교회는 예수님이 주인 되시며 낮은 자를 섬기는 민족의 등불이다.

4. **새벽 기도는 온 민족과 사회에 영향력을 미치는 도구다.**
   새벽 기도를 할 때 우리는 세상에서 깨끗한 삶을 살게 된다.
   우리는 이 사회의 많은 문제를 놓고 기도하는 문화 변혁자가 되어야 한다.

5. **새벽 기도는 대부흥을 일으키는 눈물의 기도다.**
   지금 한국 교회는 새로운 부흥이 필요한 시기다.
   이 시대의 부흥은 회개의 눈물로부터 시작된다.

: 함께하는 새벽 기도

새벽 기도 후 소그룹 별로 다음의 내용을 가지고 모임을 갖습니다. 소그룹 모임이 어려울 경우에는 개인적으로 말씀 묵상과 찬양 후, 질문에 답하고 기도하는 시간을 가지는 것이 좋습니다.   – 편집자 주

새벽의 묵상 말씀

"여호와여 내가 주께 대한 소문을 듣고 놀랐나이다 여호와여 주는 주의 일을 이 수년 내에 부흥하게 하옵소서 이 수년 내에 나타내시옵소서 진노 중에라도 긍휼을 잊지 마옵소서."

_ 하박국 3:2

새벽의 찬송

내 기도하는 그 시간

그 때가 가장 즐겁다

이 세상 근심 걱정에

얽매인 나를 부르사

내 진정 소원 주 앞에

낱낱이 바로 아뢰어

큰 불행 당해 슬플 때

나 위로 받게 하시네

_ 내 기도하는 그 시간 / 찬송가 482장(새 364장)

새벽을 풍성하게 하는 나눔

1. 우리 가족이 함께 새벽 기도에 참석하기 위한 방법에는 무엇이 있을지 나눠 봅시다.

   ----

2. 밤 문화를 극복하고 365일 새벽 기도에 승리하기 위해서 필요한 노력들이 무엇인지 이야기해 봅시다.

   ----

3. 자신의 평소 기도 생활에 대해 솔직하게 나눠 보고, 규칙적인 영성 훈련을 위해 앞으로 기도 생활을 어떻게 바꾸어 나갈 것인지 나눠 봅시다.

새벽에 기도할 제목들

1. 새벽 기도를 통해서 나의 깊은 내면이 변화되도록

2. 새벽 기도를 통해 가정과 민족, 국가와 사회가 변화되도록

: 명성교회 특별 새벽 기도회 :

특별 새벽 기도회에 참석하기 위해
교회를 찾아오는 성도들의 차량 행렬

강대상 앞에 앉아 목사님의 말씀을 경청하는 어린이들

발 디딜 틈 없이 가득 찬 성전으로 인해 강대상까지 올라 온 성도들

246 새벽 눈물

prayers in
daybreak...

새벽을 깨우는 열정적인 말씀 선포

송구영신예배에서 새벽종을 치는 김삼환 목사

외국인들도 감탄하는 명성교회의
세계적인 특별 새벽 기도회

학교에 가기 전 하나님 아버지의 집을 찾아 기도하는 청소년들

새벽눈물

초판	1쇄 발행	2006년 02월 25일
	42쇄 발행	2011년 01월 15일
개정판	7쇄 발행	2018년 09월 20일

지은이	김상환
발행인	이영훈
편집인	이장석
편집장	이봉연
기획·편집	최진영, 최윤주, 신민희
디자인	박진실

펴낸곳	교회성장연구소
등 록	제 12-177호
주 소	서울특별시 영등포구 여의공원로 101 CCMM빌딩 7층 703B호
전 화	02-2036-7928(편집팀) 02-2036-7935(마케팅팀)
팩 스	02-2036-7910
쇼핑몰	www.pastormall.net
홈페이지	www.pastor21.net
페이스북	www.facebook.com/pastor21

ISBN | 978-89-8304-163-0 03230

*값은 뒤표지에 있습니다.
*잘못된 책은 구입하신 서점에서 교환해드립니다.
*이 책 내용의 일부를 사용하려면 반드시 저작권자와 교회성장연구소 양측의 서면동의를 받아야 합니다.

"무슨 일을 하든지 마음을 다하여 주께 하듯 하라" (골 3:23)

교회성장연구소는 한국 모든 교회가 건강한 교회성장을 이루어 하나님 나라에 영광을 돌리는 일꾼으로 성장하는 것을 목표로, 목회자의 사역은 물론 성도들의 영적 성장을 도울 수 있는 필독서들을 출간하고 있다. 주를 섬기는 사명감을 바탕으로 모든 사역의 시작과 끝을 기도로 임하며 사람 중심이 아닌 하나님 중심으로 경영한다. "무슨 일을 하든지 마음을 다하여 주께 하듯 하라"는 말씀을 늘 마음에 새겨 하나님께서 주신 사명을 기쁨으로 감당한다.